U0596063

教育创业

STARTUP

沉 浮 录

郑仁强/著

团结出版社

图书在版编目（CIP）数据

教育创业沉浮录 / 郑仁强著. —— 北京 : 团结出版
社, 2020.1

ISBN 978-7-5126-7593-3

Ⅰ.①教… Ⅱ.①郑… Ⅲ.①教育产业—研究—中国
Ⅳ.①G522.8

中国版本图书馆CIP数据核字(2019)第284523号

出　　版：团结出版社

　　　　　（北京市东城区东皇城根南街84号　邮编：100006）

电　　话：（010）65228880　65244790

网　　址：http://www.tjpress.com

E-mail：zb65244790@vip.163.com

经　　销：全国新华书店

印　　刷：河北盛世彩捷印刷有限公司

装　　订：河北盛世彩捷印刷有限公司

开　　本：145mm×210mm　32开

印　　张：8

字　　数：155千字

版　　次：2020年1月　第1版

印　　次：2020年1月　第1次印刷

书　　号：978-7-5126-7593-3

定　　价：48.00元

CONTENTS 目录

目　录

CONTENTS

一、被"培训"葬送的教育培训机构

——"精神胜利法"

1

鲁迅先生笔下的阿Q可能是最广为人知的文学形象，许多人未读其书，亦知其人，晓得"精神胜利法"这几个字。阿Q的精神胜利法，是"儿子又打老子了""和尚摸得，我也摸得""我和乡绅同宗"式的自我抚慰。今天这种精神被一干整日无所事事、在虚拟的网络世界中自我封圣的闲杂人等发扬光大，阿Q有了真正意义上的"同宗"。

"精神胜利法"历经百年，文脉不断，且有开枝散叶的迹象，开到一些"培训大师"的院子里，被嫁接重组，另生新意，"精神胜利法"开始有了"精神世界等于一切"的意味。有位"大师"甚至言之凿凿地说："经营企业就是经营人的精神世界，要让员工活在神圣感之中"。

"神圣"二字给不信宗教的人听到总有些可疑，但某些潜在信仰者，却往往容易被类似的言论勾魂摄魄，在"教主"的引领下，他们将员工变成教众，企业变成祭坛……

2

李信是个打山沟里走出来的小人物，在家中行三，他上面还有两个哥哥，但都没能养活，所以他成了家里的长子长兄。李信从小时候起就要肩负照顾弟弟妹妹的责任，父母去地里务农，怕小孩子跑丢，就让正在上学的李信把他们带去学校，大孩子带着小孩子一起上课下课，如果放在今天，可能会荣登感动中国十大人物的榜单，但在过去的农村，好多家庭都是这种情况。在这种环境下成长的大儿子，通常会心细如发，并且懂得省吃俭用。

李信从小胆子就大，想吃肉了就进山，体重在他之下的生物，没几样是他没吃过的。村里说书的老人对李信讲，历史上胆子最大的人是姜维，姜维死的时候，别人把他的胆剖出来，足足有鸡蛋那么大，姜维从此成了李信的偶像。

胆大心细的人通常能成大事，但村里人没觉得李信有什么特殊之处，这个精壮的后生，读了几年书之后就下地务农了，不像是个能成大事的人，乍看起来还显得有点呆。李信那时候也没想过飞黄腾达这类事，存两年钱，娶个媳妇，然后老婆孩子热炕头才是他的人生理想，和当时农村所有的年轻人一样，这是那个年代的胸怀大志。

自20世纪90年代初开始，全国上下掀起了一股下海热，王健林说的"清华北大不如胆子大"在那个时代成为现实，许多先行试水的人一夜暴富，一群"红眼病患者"紧随其后，争相着要分一杯羹，自小胆子就大的李信也是分羹大军中的一员。年仅25岁的他带着几年的积蓄，和同村的几个人一起进城，找寻致富路。后来他们一起开过饭馆、卖过衣服、也做过倒爷，每一样都干得不长久。原因不是亏钱，而是老有人觉得其他行当更能赚钱，于是匆匆转行。后来几个人分歧越来越大，索性分道扬镳，李信和他的堂兄李义成了一路人。

和李信四年级的小学文化不同，李义是读过两年高中的，肚子里颇有墨水。他觉得如果两人一直像现在这样打一枪换一个地方，在城里永远扎不下根，李信同意他的看法，于是两人决定找个固定的营生。现在李信做的教育培训行业，是李义选的，当时他有高中同学在隔壁市里办补习班，因为几乎没有竞争对手，所以做得风生水起。李义觉得兄弟俩完全可以复制对方的成功模式，因为本市也没见有什么培训班，而且有熟人在这个行当，自己还可以去取取经。当时的李信对教育培训一窍不通，但他的想法很简单：城里只有我一个人做这个买卖，钱岂不都成了我的？可入了行之后他才发现，本市其实是有几家教育培训机构的，而且其中有两家规模不小，不过仅仅靠捡大机构的残羹剩饭，也够他们兄弟俩丰衣足食了。办班到年底，两人都成了万元户，李信也在这个过程中逐渐懂得了如何去经营一家培训班。

两年之后，李义被朋友撺掇进入当时风头正盛的保健品行业，李信则选择了留守。原因不是他已然预料到几年之后保健品市场会全面崩盘，而是他觉得所有钱不可能都被一个人赚到，贪得无厌，必受其乱，自己把手头儿的买卖经营好就行了。

凡是公司，通常都有企业文化，作为一个没文化的人，李信的补习班没有文化，他的行事准则也很朴素，算不得座右铭，总结起来就是：踏实肯干、省吃俭用。说白了，他的钱都是点滴积累而来的。李信办班有一个特点，那就是不懂的事不过多参与，允许老师在课堂上将自己的能力最大化，这保证了补习班的授课质量。他知道老师是培训班里最重要的一个因子，是自己最有利的生财工具，所以愿意把自己机构里的薪资定的略高于市场平均价格，以稳定人心。这些因素加上入行偏早，保证了他一步步稳扎稳打，把机构做大。到2012年底，李信教育培训机构每年的营收规模已经达到了1000万上下，其中学前教育和成人教育两个业务模块，在全市占据领导地位。他早已定居城里多年，在这里买房买车，娶妻生子，除了缺少他年轻时心心念念的"热炕头"，人生基本圆满。

3

尽管人生志得意满，但李信却很少以成功人士自居，和二十年前刚进城时一样，他平时在衣食住行方面很节俭，没有特别的爱好，交际范围也很有限，几乎把全副身心都扑在了事业上。在机构里，他威望很高，因为机构里大多数老师都是眼见着他一步步将机构做大的，他们是李信整个事业路线的见证者，知道他一路走来的不容易，对他一丝不苟的私德也很敬佩。李信的家庭也很幸福，妻子是一家医院的主治医师，内外兼修，儿子在市里的重点中学读书，成绩中上，很少让自己操心。

在外人看来，从一只山沟里的土鸡飞上枝头，李信的人生是值得艳羡的，村里甚至把他的事迹当成了评书式的玩意，在人群之间口耳相传。可李信对自己的看法和别人对他的看法是截然不同的，他觉得自己的人生有太多未竟之愿，遗憾满满。比如小时候没有条件，书读得不够多，长大后有了条件，却没了时间。自己是办培训机构的，但二十年来，竟然只零星听过几个老师讲课，真是讽刺！李信的另一个遗憾是没能在竞争压力相对较小的时候，把机构做大，结果现在只能处在这个不上不下的地位，说自己的机构大吧，自己都觉得臊得慌，可若说它小，也是太过自谦了。这两个遗憾是李信在推杯换盏之后的闲话时间里经常会说的，和他相交较近的人都知道，李信难以启齿的遗憾是，自己没有真正的精神寄托。一个大老爷们儿说出这种话，总有些矫情，好像非要在俗世里标新立异似的，于是索性不说。但每当忙过一阵儿之后，不那么忙的时候，他的心里就会涌现出空虚的念头，可每次还来不及细想，就又开始忙了。李信的这种念头在哲学上讲叫如何理解自己的存在，翻译成大白话就是我为什么是这个德行？李信自己把这三个遗憾归结为一个原因：受教太少，没有好老师引路。他心中的好老师，指的不是机构里的这些老师，而是能够解答自己所有困惑的老师。

而他不够幸运，一直没能遇到这种老师，所以困惑没有答案，遗憾始终是遗憾。

4

在之后很长的一段时间里，李信都觉得此生能够被刘三金大师点化，是自己最大的福祉。李信与刘三金大师的结缘始自偶然，那是在一个酒局上，大家酒足饭饱之后，开始靠着椅子谈天说地。有人聊小三，有人聊家庭，有人聊体育，有人聊健康，但聊着聊着，最后总能回到工作上去。在座的都是李信的同龄人，你一言我一语之后，李信便发现，大家的处境和感慨基本一致：买卖做得不差，但看不到更进一步的希望，个人潜能和社会关系基本见顶，缺资源缺人脉缺靠山，最主要的是，缺精神寄托。中间一位说话直接的朋友三言两语就道破了李信的困局："别人都说我成功，我不觉得自己成功，我本来应该更成功，我这就算活出样儿来了？没有啊，我明天该干吗自己还不知道呢。”此言一出，大家纷纷点头附和，其中一位在体制内混的朋友还说了一句特豪气的话：“我只想快点过完这一生。”

聊天的基调就此定下，大家把撩起来的衣服放下，开始一脸认真地谈论起他们过去认为是虚头巴脑的人生价值。后来有人带头说起寻获价值的方法，其中一位可能是话赶话，说起了刘三金这个人。刘三金的课他也没听过，只知道此人号称“宗教学者”“智慧先师”“中小企业创业导师”。这一长串的名号，让李信觉得他们在聊孔子和关老爷。有人觉得这名字加上这头衔，百分百的骗子无疑。这时候对刘三金略有了解的人开始为大师辩解了：“三金大师可不是骗子，他的课我没去现场听过，但我朋友给我寄过他的讲课视频，确实是大师风范，我也不好形容画面，你们得自己听了才会懂，但人家一节课，少则几千人多则上万人，一次收费几万，每年光是培训收入就有五个亿，做到这种规模，怎么可能是骗子呢？骗几个人或许可能，同时骗几万人，你们觉得能做到吗？”大家点头附和，几万人都是傻子，这概率比男足世界杯出线还低。

这时候又有人插话：“我听说罗川半年前去听了刘三金的课。”一听到罗川的名字，李信当时便坐正了身子，罗川是他直接的竞争对手，原本城里的学前教育和成人教育李信都是一家独大，可偏偏出现了罗川这个搅局者，致使学员分流。更可恶的是，罗川的机构自半年前开始忽然突飞猛进，如今在利润率上已经超过了自家的培训机构。李信之前还在揣测罗川突然开窍的原因，敢情是去大师那里开光了啊！从这一刻开始，李信便有了有朝一日去领略大师风采的念头。

因为几人都没有真正听过刘三金的课，所以话题聊到后来越发聊不下去，不知从何时起，又转回到了小三的话题上。在座的许多位，都属于有小蜜没家庭，聊起这类事来百无禁忌，李信插不上话，一边听他们闲扯，一边在烟雾缭绕下发笑。后来局散人离，大家各找归处，刘三金这个名字却被李信铭刻在心。

回到家后，李信立刻上网查找刘三金的相关信息，发现这人真是了不得，上到唐人街，下到新马泰，到处都有他的信徒。李信想找找他最近培训课程的音频和视频，发现只有简短的文字稿和少量的付费视频。这种封闭式的培训模式李信很熟，一般只有不缺学员且想保住机密的机构才会这样做。但他发现，这位刘三金大师同时也是一位著作等身的作家，名目下跟随着一张书单，李信挑了其中反响最大的几本买了下来。这些书的名字都以智慧为后缀——《宗教智慧》《运营智慧》《大势智慧》，可见作者自视为上帝，以向别人播撒智慧为己任。

书到货后李信认真通读了一遍，顿觉与三金大师相见恨晚，里面提到的"运""势""禅"等高深智慧，他此前闻所未闻，好多令他百思不得其解的难题，大师用寥寥数语便给出了答案。譬如大师说："这是一个变化的时代，用固定的思维无法存活！"这一直就是李信心中的绝对真理。自己想要受教，这些书的作者，不就是最好的老师吗？后来他把书推荐给几个朋友，大家看完之后，大多与他观点一致，"三金大师真是难得的高人，复杂的人生在他的笔下竟然显得如此简单，可见他的境界已然登峰造极！"

几个人约好将来一起去大师面前聆听教诲，李信却等不及了，他想尽快解决问题，于是就先走一步，率先给三金智慧传播机构的客服人员打了电话。接电话的人语气既亲切又客气，她委婉地向李信表示，这一期培训课程开班在即，报名人数已满，希望李信改报下一期课程。李信则反复向对方言说自己的急迫心情："我真的等不了了，我想立刻在大师面前受教。"后来对接人员多方请示，提出了一个折中方案，只要李信愿意额外缴纳一万元的升班费，机构就可以为他破例一次。她还向李信解释，之所以额外缴纳费用，是为了维持机构正常的教学秩序，以免后续不断有人提出插班的要求，而这一万元的学费，将会以李信的名义捐给慈善机构。大师的高尚境界令李信自愧不如，他想要当面受教的心情更迫切了。

四天之后，李信开车赶到三金智慧传播机构的会场，整个会场一共可容纳五千人。李信被安排在靠后的位置，他以为是自己报名太晚的缘故，后来一打听才知道，座位的安排是根据交钱的数额确定的，坐在前面的那些人，都是大师的"资深"学徒。李信没有在现场发现熟人，就和身边的人聊了起来，他从对方的口中得知，来这里听课的大多是私营企业的老板，身家几十万、几百万、几千万甚至是上亿的人都有。所以这里不仅是聆听教诲的课堂，也是结交人脉的场域。坐在李信左边的人是卖家电的，坐在他右边的人是在北京开饭店的，坐在他前面的人是搞投资的，他后面则坐着一位传媒公司的老板，李信和他们分别交换了联系方式，并且主动和开投资公司的那位"同学"攀谈了起来。整个会场的大部分学员，做着和李信同样的事，四处询问、搭腔，希望能遇上对自己事业有帮助的贵人。现场沸反盈天，除了近在咫尺的对话，什么都听不到。工作人员一动不动地站在那里，无意维持秩序，他们脸上的表情，倒有些希望声势更大的意思。

教育创业沉浮录

不知聊了多久，司仪拿起话筒，提醒大家保持安静，说刘三金老师正在后台准备，很快就会和各位同学见面，于是现场瞬间变得像上课时老师到来前那两分钟一样，寂然无声。随后，大师身着正装，伴着如潮的掌声登场。李信的视线不断随着大师的位置游移，这时他才发现，大师比宣传册上的照片要年轻得多。身边的人适时地提醒了他一句："三金老师已经快50岁了，但因为心境高远，所以外表就像30岁。"李信顿悟似的点了点头。

大师培训的主题是"领袖智慧"，他的开场白是"今天来到现场的诸位，无一不是业界领袖，但据我了解，好多人还没有做好承担领袖责任的准备，也不知该如何做好一名领袖，鄙人不才，今天就是来帮各位贤者升华境界的。"之后，他的"布道"宣讲正式开始，整个过程一共持续了两个半小时，在这一过程中，三金大师金句频出，台上有专门往黑板上记录他点金之句的工作人员，下面听讲的学员也一直记个不停。

李信事先没有准备，又因为怕被误会录课不好意思拿出手机去记，心中叫苦不迭。不过很快他就顾不得这件事了，因为大师在讲过一小段内容之后，都会询问台下的学员："上面这些话听明白的举手？"会场内上万只手同时举起，场面极其壮观。一开始李信觉得存有疑惑，还是不要贸然举手的好，但几次之后，他就不自觉地被人群带动，成了"举手大军"中的一员。慢慢地李信发现，举手貌似真的能帮自己理解大师的深刻思想，于是举手的积极性更高了。不知何时，李信觉得自己完全融入了大师设下的"场域"，大师"大脑"中的电波借由无形的媒介，直接传导到了他的脑中，他达到了一种浑融的境界。整个会场中的听众幻化成了一个点——大师智慧的接收点，李信也在那个点里。

两个半小时，转瞬即过。正当李信如蚂蟥一般吸吮大师的智慧时，大师问完了最后一句"听懂了没有"，然后鞠躬致意离开，全体学员起立恭送大师。直到这时，李信才觉得自己重新成了真正的自己。可他的头脑此时仍旧一片空白，任他搜肠刮肚，也想不起来几句大师播撒过的福音。李信无可奈何，只好找到现场维持秩序的工作人员，说"自己希望能得到大师一对一指点迷津的机会。"工作人员带他去见了专门的对接人员，那人自我介绍说他是刘三金大师座下的第十八位弟子，三金老师已经乘私人飞机赶往泰国，去做一场万人培训，有什么需求可以和他说，他一定代为转达。李信不好意思地说："大师刚才讲的课，我没能完全掌握，希望能再次聆听教诲。"对方闻言微微一笑，让助理记下李信的电话和住址，说到时会把现场录像寄给他。

后来两人又聊了几分钟，对方知道他是B市做教育培训的校长之后，找来工作人员，把该市听过课的人员名单以及联系方式调了出来。李信在名单上看到了两个名字——李朋和罗川。李信指着罗川的名字说："这位先生我认得，也是做教育培训的，最近事业顺风顺水。"对方这时对他说："罗川先生也是听完家师的领袖智慧课程之后才大彻大悟，事业更上一个台阶的。"听完这句话之后，李信微微颔首，似有所悟。他不知道的是，这份名单本该更长，可那些会对"三金大师"的声名产生负面影响的名字，都被工作人员刻意隐去了。三金大师的弟子还隐瞒了更为重要的事实：李朋已经被三金大师收到帐下，担当三金智慧机构在B市发展下线的"特派员"。

几天后李信收到了三金智慧传播机构寄来的课程录像，每天从机构回去后，他都会把录像从头到尾看一遍，并认真做笔记。半个月之后，他觉得自己对大师的智慧理解得更通透了，是时候找机会反超罗川了。

5

受教大概一个月之后，李信给李朋打了一个电话，约对方出来吃饭，接电话的时候，李朋的第一反应是——这是一通来历不明的骚扰电话。但当李信把三金老师这四个字说出口，李朋立刻便疑惑顿消，欣然同意前来赴会。另一位"同学"罗川，自然不在受邀之列。

一场饭局几个小时，两人饭没吃多少，酒没喝几口，自始至终都在歌颂三金老师的无上智慧。李信最开始觉得自己对"领袖智慧"里的内容理解很深，可一聊才知道，李朋基本上已经成为研究这门课的专家，甚至已经开始往自家公司渗透大师智慧。李朋说，他用大师教给他的领袖思维去管理公司，结果三个月之后，工厂的净利润翻了一倍。他还提到了李信的同行罗川，暗示罗川也是借力于大师，才实现了对李信教育培训机构的反超。听得李信暗骂自己愚笨，"我怎么就想不到用领袖智慧去管理机构呢？"他暗自发誓要"以彼之道还施彼身"。可无论是他自己，还是坐在他对面的李朋都不清楚，罗川借用的是三金智慧传播机构里的人脉，而非什么大师智慧。而且罗川的成事和"三金"这两个字并没有什么直接关系，他之所以能力压李信一头，根本原因在于"现代化企业思维"胜过了"小作坊"式的省吃俭用。

　　两周之后，李朋主动找李信进行了一次私人谈话，这次谈话和"三金大师"无关。起因是李朋觉得自己的厂子越办越红火，是时候提高一下工人的素质了，不然和客户谈合作，人家去参观工厂，工人老是因为没有文化闹笑话，自己脸上也没有光彩。但工人手头的活儿不少，每天只有一个半小时的休息时间，所以希望李信能派几位老师去厂里给自己手下的几十名工人上课。自己愿意每天派专车接送，除了学费，还愿意付一部分补贴，这个补贴，自然是从工人的工资里扣除。李信闻言大喜，自己没花一分钱的宣传费，就凭空多了一股稳定的生源，他把这归因于三金大师的庇佑，对他的信仰更虔诚了。

6

　　眼见着自己的同学因为"领袖智慧"课程，事业不断做大，李信再也按捺不住自己的冲动，希望将自己接收来的智慧，立刻学以致用。在季度财报出炉，显示机构业绩持续低迷了半年后，李信觉得时机已到，改革可以开始了。

　　李信第一项大刀阔斧的改革，是重塑员工的精神世界。三金大师说："经营企业就是经营人的精神世界，企业最重要的是势，员工最重要的是精气神。"李信觉得，现在机构里的教职工，缺的就是昂扬向上的"精气神"，因而导致整个机构没有"势"，只是一具躯壳。至于如何帮员工提气，李信已经想好了"万全之策"。他至今都没能忘掉聆听大师教诲时的场景，在他看来，那座会场里的"势"是普天之下最足的。而势的建立，除了仰仗三金大师的智慧之外，还要依靠一个整齐划一的动作——举手。当所有人一起做同一件事，精气神就被凝聚起来了，李信想。

抱定这个念头的李信想了一夜，最终决定把过去每天汇报工作情况的晨会改成"全体教职工精神动员大会"。他找了一套集体舞的视频，动作很简单，看上几遍就能学会。这就是他想要的东西——跳舞不是目的，重要的是所有人能凝聚在一起。跳舞的同时，李信还给教职工编了一些口号，"我们是太阳底下最光辉的职业""要甘做园丁、红烛""为祖国的教育事业添砖加瓦"这些话都在里面，过去李信觉得这些都是套话、说辞，但现在他觉得唯有这类句子能调动起一名人民教师的情绪。在大会现场，李信不只担当组织者，他还身体力行，带头跳舞，带头喊口号，他要让员工知道，他所做的一切不是走流程，从此以后，这就是机构日常的工作内容。

整个动员大会通常要持续一个小时，中间会有十分钟的休息时间，会后大家稍做休息，去教室上课。通常整个活动结束后，李信和机构里的教职工都是以汗流浃背收场。李信觉得这是好事，一起流汗不也是团队整齐划一的象征吗？但他忽略了一件事，自己流了一身臭汗之后，走向的是浴室，冲个凉，喝杯凉茶，之后回办公室吹空调。老师们可没有这种待遇，往往他们起伏的呼吸还没有平复下来，就要走进教室开始一天的"罚站"工作。在这种情况下，授课质量不可避免地要打些折扣。

几位学科组长找到李信，希望将动员大会取消，他们没敢说出心里话——"动员大会就是一场闹剧，毫无效果"，而是说好多老师的授课状态受到了影响，长期下去，可能会引发一系列不可预知的后果。李信觉得此话有理，可动员大会也绝无取消的可能，于是他提出一条折中方案，把原来一小时的动员大会，缩短为40分钟，中间不休息，事后给老师们"留足"休息时间。

李信的方案当然无法让所有人满意，好多老师觉得他不过是在以帮员工提气为名号，宣示自己作为校长的权威。还有人觉得，这个没文化的土老板是在向他们这帮知识分子宣泄怒气，是典型的"气人有"式的打击报复。更多的一线讲师，则完全不懂李信的用意，过去李信最大的优点是"靠谱"，可这个靠谱的人，却做出如此不靠谱的事，他们只能揣测他是信了"邪教"，被洗了脑。

对于员工内心孕育的风波，李信完全没有察觉，他觉得员工的抱怨和抵触只是短期内的不适应，时间一长就会好的。在这种想法的驱动下，动员大会得以继续，且不断进行花样翻新。

两个月之后，开始陆续有一线讲师离职。这完全在李信的意料之中，他动员全体员工，除了帮大家提气之外，就是为了淘汰一部分掉队的人，"这些人的精神世界已经彻底坍塌了，留下也只是浪费彼此的时间。"

李信不知道的是，过去二十年里，他在员工心中树立的良好形象也开始有了坍塌的迹象，跟了他多年的老员工，也开始看不清老板的脸了。

7

在李信最初的设想中，"示爱运动"原本要等到机构完全积聚起"势"之后才会发起，但一部分教师的出走，让他觉得有必要提前给机构里的人上一番"思想政治课"。

"示爱运动"的常规内容，是要求全体教职工在每天下班之前交一份文档，在文档里陈述自己对机构的"爱意"，具体内容不限。和在动员大会中一样，示爱运动中李信也率先垂范，他熬夜几天，写了一篇长达一万多字的"情书"，文笔之粗劣，一看就知道是他这个"半文盲"写的，但因为机构是他的心血，所以从第一笔开始，情感就似洪流一般向外淌，用词极为恳切真挚，服务机构多年的老员工，不少都被感染到，趁人不注意的时候偷偷抹泪。李信觉得既然自己开了个好头儿，其他人自然会排队跟上，可文档交了几天，李信觉得大家都把这件事当成了一个技术活，在那里毫不掩饰地炫耀自己的才气，里面有文字技巧、思想内涵，甚至还有各种体裁的尝试，但就是没有李信想要的"爱"。他觉得原因可能在于知识分子身上就是有这种喜欢卖弄的臭毛病，或者是自己的文化修养不够，达不到人家的层次？

于是李信继续推陈出新，不再要求大家写字，而改为说话，只要对方说的是人话，自己总还听得懂吧？他决定每周举办一次"演讲比赛"，演讲的主题是"爱"，不过这个爱，除了要向机构示爱，还要感恩机构，感恩老板，感恩同事，最后，还要对自己不堪的过去进行忏悔，把自己在工作过程中的种种缺失交代清楚。为了防止个人的理解有偏差，李信还找了一些自己信任的亲戚朋友担当演讲比赛的评委，给每一个人的演讲打分，根据最后的总分统计，前三名有奖，后三名则需要在下次比赛中当众反省。

李信之所以发起"示爱运动"，是因为三金大师在"领袖智慧"中反复强调，"要引导员工用全身心的爱去对待公司，有爱的公司才能无往而不利。"大师还说："企业的发展是靠把心放在公司里的心腹知己，绝对不是有能力、有技术的人在支撑。""只要员工和公司一条心，犯再多错误也不能开除。不和公司一条心，小错也不能包容。"大师在课程里还以自身为例，"我的徒弟中没有一个人天资聪颖，但他们一心待我，所以才有今天的我，所以才有今天的三金智慧传播机构。"李信深以为然，他不知道、大师也没有吐露的一点是，大师座下的一众弟子个个香车美女，他们对师尊的"爱"另有原因。

李信"画虎不成反类犬"，在演讲大会上，除了一些极具表演天赋的老师外，大部分一线讲师的姿态很是拘谨，完全没有课堂上的那股飒爽劲儿，反倒像是初次恋爱的高中生当众讲述和恋人的相识过程。这种场面当然无法让李信满意，于是他和七大姑八大姨们坐在一起，共商解决问题的办法，众人似相声演员开会一般七嘴八舌，场面混乱得像蚂蚁搬家，后来则演变成了家长里短的议论和了无意义的口舌。李信听到最后，实在是忍不住，就低吼了一声："你们只要告诉我怎么办就行了。"他的三表嫂闻言翻了个白眼："你就只让他们说怎么爱学校就行了呗，还自我忏悔？谁干了糟心事好意思说出口啊？"一语点醒梦中人，李信第二天就把自我解剖的环节去掉了，只要求老师们倾诉对学校、校长、同事和学生的爱意，"这下大家肯定就没有心理障碍了，只要他是真正爱学校的。"李信想。

果不其然，在下一次的演讲大赛上，好多人的表现瞬间自然了很多，个别女老师还别出心裁地换上了应景的衣服，配上了情意绵绵的慢音乐，讲到校长对自己的关照时，其中一位老师还恰到好处地掉了眼泪，哽咽到说不出话，李信只好上台轻拍她的肩膀安慰她。最后，这位老师拿到了全场唯一的一个满分，李信在做赛后陈词时，情绪激动地说："什么是爱，这就是爱，你对机构有爱，大家是看得到的。"第二天，李信提拔这位老师做了学科负责人。

自此以后，"表忠心"的风气大开，每周一次的演讲大赛成了机构里的官场，升降沉浮，全凭此中表现。机构里好多老师的着力点也从课堂转移到了赛场，他们备课的时间少了，备战的时间多了。上课时也总是心不在焉，思索着从人堆里脱颖而出的方式。不消说，课堂质量大幅下降，好多"名师"甚至屡次在课堂上出现低级错误。事情没有反馈到李信那里，但反馈到了家长那里，他们暗暗做了今后不再续课的决定。

在演讲大赛召开一个月之后，李信和行政做了一番统计，统计过后，李信把总得分排在前三位的老师提拔为主任，后三位的老师全校通报批评，并且把其中一位学科负责人降级为普通讲师。第二天一早，被"贬官"的老师递交了辞呈，他可以接受职位的升降，但自己被降职的理由也太过离谱了一些。认真上好每一节课，带好每一位新讲师，结果反而被"演技派"拉下马。多位老师秉持着和他一样的想法，于是短短几天时间，多位骨干讲师离职。他们走后，李信统计了一下他们在演讲大赛上的得分，发现都是对机构"无爱"的那些人，"走吧走吧，机构本来也不靠你们。"

后来，机构里不断有零星的讲师离职，但李信总能找来另一位年轻讲师顶上他的缺，这些新人，一部分由他自己带，一部分由那些对机构绝对忠诚的老师带，以此保证机构血统的纯正。

与此同时，"示爱大赛"愈演愈烈，彻底沦为走红毯式的"争奇斗艳"，讲师授课水平如何，渐渐少有人在意，台上的那几分钟，要远比台下的十年功有价值。抹眼泪已经失去竞争力，号啕大哭才是基础，哭到跪地才能保证名次，哭到昏厥才能得到表彰，带上家人一起哭才能争夺前三的席位，把李信和他的亲戚朋友感动哭才是夺冠的不二法门。一切种种，都是为了"爱"。

台上的竞技角逐直接影响着台下的宦海沉浮，随着演讲比赛的不断推进，机构中的领导班子也在不断淘洗更新，那些把机构当成捧在手心里的挚爱的人，开始取代业务能力突出，但对机构不够深爱的"旧人"，成为李信的新宠。为了防止被拿下的旧人意见太大，李信通常会继续保留他们的职位，但要求他们认真反省自己"爱的缺口"，并在大会上当众汇报。对李信的这番"好意"，被波及的人有些"不识好歹"，他们不想反省，只想一走了之，"心中无爱的人，是教导不了的"，李信如是想。后来，配合李信的领导班子和教师团队，成了"最爱机构者联盟"，他们对"机构"的爱，绝对不比李信少。这就是李信想要的效果，机构中的上上下下终于拧成了一股绳，唯有如此，才能成就功业。

机构里到处漫溢着"爱"的馨香，甚至于好多老师在讲课时，都会突然问学生一句："你们喜欢咱们学校吗？"回答自然是喜欢。基础的教学业务则仿佛成了玛雅文明似的老玩意儿，只有前朝遗老才会费心钻研。部分家长不满老师们的"糊弄式教学法"，找上门来，李信好意安抚他们的情绪，并胡诌了几条容易引起同情的理由，可实际上却并没有往心里去，"教学这东西，只要心思收回来，根本不成问题，员工心里装着机构才是最重要的。"如果李信是一位篮球迷，他就会懂得，好多球员一旦在某段时间里养成懒散的防守习惯，这一习惯便可能伴其终生，坏习惯就像紧身衣，穿上要花费好多时间，脱下则要花费更多时间。好多一线讲师，后来也没能找回最初严谨的授课状态。李信教育培训机构的授课效果，就像被白蚁啃噬过的建筑，里子在不断空虚。与之相应的，就是口碑的下滑和学员的缓慢流失……李信看不到这些，彼时的他，正在被爱包裹着。

8

当机构里只剩下"自己人"之后，李信的又一项"改革"开始了。这一改革被李信称为"民主化变革"，是大师口中机构做大的必经之路。"你见到过属于一个人的公司能做大吗？""什么是胸怀？胸怀就是拿出钱和别人分！""毛泽东革命最大的成功在哪？是让人民群众当家做主，是在为自己干！"李信觉得这一变革和"爱的运动"是一脉相承的，对公司有爱是基础，民主化改革则能让全体教职工真正把机构的事当成自己的事，有人会糊弄自己吗，绝对没有！

李信是在某次演讲大赛的赛后宣布这一决定的，与此同时，他还宣布了中止比赛的消息，理由是大家对机构的爱已经足够，以后机构将要回馈他们的爱意。此言一出，几乎绝大部分的老师都在心里长舒了一口气，"闹剧终于结束了"，但他们的脸上，几乎无一不是意犹未尽的表情，其演技进步之快，由此可见一斑。对于李信将机构民主化的方案，绝大部分老师是同意的，有谁不想自己说出的每一句话都掷地有声呢？尤其是那些无缘管理岗的讲师，一直没觉出自己和管理层的差距，"如果自己手里有权，肯定会做得更好"，这是很多人当时的想法。管理层自然大力反对李信的方案，尽管当初自己上位靠的是"鳄鱼的眼泪"，可一旦机构平权，自己也就成了摆设，岂不辜负了自己早前辛苦锤炼的演技？可机构大势，浩浩汤汤，少数人的反对注定会被前驱的车轮碾压。两天之后，机构里的民主制改革正式开始。

李信最初的设想是，无论谁脑子里有绝妙的点子，都可以直接找自己面谈。可在半天之内接待了副校长、常务校长、主任、学科负责人、骨干讲师甚至是后勤负责人之后，耳朵快出茧子的李信终于觉得"直接民主"的路走不通，于是他又将方案做了一番改进，管理层有建议直接发到管理邮箱，由自己亲自看，普通讲师有意见则发到企业邮箱，先由管理人员看，之后再筛选出一部分精华，由自己亲自审阅。结果，短短半天时间，企业邮箱中的未读邮件就多达上百封，平均每人至少有三条建议，其中意见多有重复之处。于是李信又勒令每人每天只准发一封邮件，每封邮件里只准有一条建议。至此，众人汹涌的热情终于被暂时性地抑制下来。

为了证明自己的民主化改革并非空谈，李信最后选定了几条看上去可行的建议，由自己和其他领导带队分别执行。这些建议或无效或有效，但总的来说，并没有达到预期效果。

譬如某位老师认为，过去传统的发传单、做地推这些推广方式，已经基本失去了宣传效果，传单像雾霾一样到处都是，但除了招致他人反感，别无他用。由此，他提出"海陆空"三线推进的宣传方式。海上推广的意思是租几辆皮划艇，在各个公园的湖泊里行驶，艇上插着多面带有李信教育培训机构字眼的旗子，公园里一般是家长和孩子结伴而行，小孩子会被皮划艇吸引，家长则会看到旗子上的字；陆地推广有别于过去的发传单和做地推，而是印发了大量机构的宣传手册，市场部的员工和部分讲师，则带着这些手册于放学之前在各个幼儿园的门口等候，然后拿着手册向每一位来接孩子的家长推广自家机构，如果对方的时间太赶，就送他一本手册让他自行了解；空中推广则是做成写着李信教育培训机构字样的热气球，然后由专人控制在一定范围内飞行。李信觉得方案很新颖，成本也似乎可控，不妨一试。可两周之后，"海陆空"三线就被人为堵死，皮划艇和热气球是遭到了有关部门的警告，理由是影响城市秩序，宣传手册则被各家幼儿园重点针对，他们甚至派出保安在幼儿园方圆两百米内巡视，专门盯紧手里拿着宣传手册的"可疑人士"，以防他们来自家挖人。事后李信找财务统计这项方案的成本，发现大头儿主要是宣传手册的印发，而现在，市场部手里还压着厚厚的一摞手册，李信没办法，只好把它们一部分分给在校学员，一部分当成"海报"发出去。

还有老师觉得自家机构之所以无法更进一步，是因为机构的业务范围过窄，光靠早教和成教，如何做大？所以应该尝试着引进其他业务，比如永远呈火爆状态的英语培训。李信也曾多次考虑过这个问题，既然有人观点和自己暗合，也不妨一试，退一万步讲，英语培训的市场如此之广，总不至于赔掉。于是他就招来四名英语老师，决定暂时开设两个"英语试验班"。结果两周之后，学员数量勉强和老师数量齐平。李信让公关部和市场部加大推广力度，学员数量终于开始增多，却仍是不尽如人意，连回本都困难。这其实很好理解，就好比一家狗肉馆突然卖起了猪肉馅包子，顾客自然会怀疑这包子的味道，不愿轻易尝试，李信后来悟出了这个道理，不再加大投入，第一期课程结束之后，毙掉了英语板块。出乎李信意料的是，自己的早教班和成教班学员，竟然开始外流。如果他读过特劳特的《定位》，就会理解其中道理：原来李信教育培训机构的定位只专注学前教育和成人教育两个领域，于是很自然地给人一种很专业的感觉，可引进英语业务后，定位的纯净度被破坏了，于是学员开始去找那些定位更"精准"的机构。

除了上述的两个方案，老师们提交的关于运营和管理的大部分方案，一般也都是以中途流产收场，白白浪费人力物力。无可奈何的李信只好及时止损，宣告民主改革停止。这招致了除他本人和管理层以外，几乎所有教职工的不满，他们在私下里抱怨李信朝令夕改，做事全凭情绪。之前的动员大会和示爱运动，此时也被他们重新想起，他们觉得李信不懂讲师、不懂管理，更不懂教育培训。从此以后，李信的好多号令都被大家共谋式的选择性执行，李信的个人威信，至此基本崩坏。

9

机构的民主化改革失败以后，李信一连几个晚上睡不安稳，他觉得大师的智慧是成体系的，环环相扣，既然"势"和"爱"没有问题，"民主"也不应该有问题。可一时之间，他又找不出问题的症结所在，于是纷繁的思绪交织在一处，搅得他心慌。这时朋友的一通电话，成了斩断乱麻的快刀。打电话的人是他的酒友，曾和李信约好一起去三金大师那里听课，他前段时间太忙，现在终于有了几天空档，于是来找李信，他还不知道李信已经去过了的事。就是这个电话让李信幡然领悟：现在只有自己当面接受过大师的智慧传播，其他人接收的都是"二手智慧"，机构的改革当然会受阻。于是他答应朋友一起去听课，并带上他的整个管理层。

故地重游，李信已俨然是大师的熟客，他提前交代好要准备的事宜，并在出发前先给大师的座下弟子打了个电话。对方本来已将李信的全部信息格式化，可听说他要带团去听课，语气瞬间变得十分热络，他将李信称作"主动追求智慧的朝圣者"，承诺他将有机会获得和三金大师面对面交流的机会。三金智慧传播机构还将派专人去机场接待李信教育培训机构一行人，以表达自己的敬意。李信的虚荣心得到了前所未有的满足，心离大师更近了。

两周之后，李信重新回到了曾启迪自己智慧的会场，可这一次，他的身边多了九个人，座位也被安排在了很靠前的地方。他举止泰然地看着第一次来受教的学生们窃窃私语，觉得他们的思想境界与自己完全不可同日而语。他不再惊异于会场的场地之广，人数之多，装修之华丽，更不会妄加揣测一会儿要讲的内容，上一次他是被动接收智慧，这一回，他是主动吸纳智慧。被大师开过光后，李信觉得自己的智慧殿堂已经打好地基，此次就要开始添砖加瓦。几许嘈杂过后，三金大师伴着配乐缓缓出场，上一次他身着正装，这一次他身披袈裟，俨然一尊活佛。

大师的演讲主题是"顺势而为"，不过内容不是提醒教徒"行为要贴合形势"，而是提醒公司的持有者，要想有所作为，先要在机构里积聚起"势"，有了势，顺境更顺，逆境则会转化为顺境，一切无往而不利。为了帮助教徒们理解自己的高深智慧，大师特意在现场演练了"势"的积聚过程，很简单，提问搭配举手，世界为我所有。按说这套方法李信上次已经见识过一次，但这一次他还是忍不住跟着大师的指令举手，坐在他边上的朋友和管理人员，个个面色绯红，目光机警，仿佛担心自己会错过某次举手的机会。大师略施小计，便成了"势"，功力之深，由此可见一斑。后来李信又多次听到了上节课听过的内容，所以往往能以最快的速度给出反应，李信觉得自己离大师的智慧殿堂更近了一步，心里很是得意。

带着空荡荡的脑子前来，装着满腔智慧回去，这是李信一行人听过培训之后的想法。李信找到大师座下的弟子，希望能获得和大师面谈的机会，弟子则委婉地向李信表示，他和他的朋友已经接近智慧澄明的境界，无须过多指点，自己领悟才是关键。更需要大师的，是那些冥顽不灵之辈，李信觉得弟子这话说得很有道理，人不可贪念过重，大师不属于某个人，他属于世间所有祈求智慧的人。弟子没有告诉李信的事实是，那些所谓的"冥顽之辈"，是花钱最多的金主，三金和他们的交际，只关乎金钱，无所谓智慧。李信还希望大师能帮自己介绍一些投资人，因为自己将来要扩大机构规模，迟早要和这些人打交道，弟子闻言一笑："这有何难?"这一次，他除了给李信一份名单以外，还安排了几个投资人和李信见面，李信和其中一位相谈甚欢，理由是他们对大师的智慧，有着近乎一致的理解。两人互留了联系方式，并在后来一直保持着联络。

回到学校几天之后，李信收到了这一次培训的授课视频，他把视频分发给一起去听课的其他几人，要求机构里的管理层反复观看视频，最终要能做到完全复述。起初，他想把机构里的教职工组织起来，一起观看大师的培训视频。但后来又觉得凭着大多数人的资质，隔着冰冷的屏幕是无法理解大师高深的智慧的，于是他就想出将大师智慧复述一遍的办法。现在机构的管理层都是从讲师队伍中提拔上来的，依葫芦画瓢应该问题不大，就算效果打些折扣，李信也能接受。

　　两周以后，第二次造势运动开启，八位亲身聆听过教诲的管理人员，轮番向机构里的教职工播撒智慧，他们的表达能力和煽动性远逊于三金大师，但因为复制了大师"提问+举手"的模式，因而在现场也积聚起了不大不小的势。李信全程旁听，看到全体员工一起完成一个制式的动作，觉得此番机构的"势"终于有了样子。他不知道，从第三遍开始，讲的人和听的人，听到"势""三金大师""听明白的举手"这几句话，都会翻涌出几近呕吐的生理反应，他们后来的提问和举手，完全是下意识的动作，和个人观念无关。

　　李信后来还曾试图给成教班的学员和早教班的家长播撒一次智慧，但引起了他们的强烈反感，培训开展到一半，就开始有人陆续离场，现场嘘声四起。李信把这归结为两点原因：第一，有些人是拒绝智慧的，他们甘于愚昧；第二，三金大师只有一个，只有他能让人心悦诚服。这次培训过后，学员中开始有人把李信教育培训机构称作披着教育外衣的传销组织，这些话传到李信的耳朵里，李信不屑一笑："愚民不可医也。"

　　上到管理层，下到基层讲师队伍，看穿李信行为荒诞性的何止一人？但此时机构里的耿直之士，不是已经离开，便是学会了明哲保身。从动员大会一路走到现在，李信在他们心中已是彻彻底底的昏君。向明君进言，虽九死而犹未悔，向昏君直谏，则死难瞑目，知识分子最懂个中道理。所以聪明的他们很愿意配合李信继续演下去，反正自己是来领工资的，机构倒掉，大不了另投他处。

　　在全体员工的蓄意隐瞒下，李信就像穿了新装的皇帝，自以为穿戴光鲜，实则衣不蔽体。可惜，他没能等到戳穿自己的小男孩。

10

在将三金大师的课讲过一轮,见识过全体教职工手臂无数次的起落之后,李信觉得自家机构的"势"基本建立完成,是时候放开手脚做大事了。他召开了一次全员大会,在会上以壮怀激烈的口吻讲述了自己的宏伟愿景,最后他以一个提问结束了那次会议:同意扩张机构的举手。一如此前他无数次见过的,全员举手,一个下意识的动作,被李信视为赞同的信号,他欣慰地点了点头。

当晚,李信给自己经大师弟子介绍认识的搞投资的同学打了一个电话,他们相聊甚欢。第二天,李信飞去了对方所在的城市,两天以后,他带回了一笔400万的投资。第三天,另一座教学中心开始筹建,李信拟投入1000万元,机构财务部拿出400万,这是当时账上所有的钱,他从自己的银行账户中提取200万,这是他的半生积蓄。大师曾说:"员工有状态,贷款也要往前冲,没状态,有钱也不能冲!"此时自己的机构状态正佳,当然要勇往直前。钱到位以后,李信为了尽快动工,四处花钱打通关节,很快就通过了城建局的审批流程,随后,他找来自己合作过多次的施工队,机构历史上最大规模的工程开始动工。

这支工程队原本半年的工程,仅仅两个月过后,已经略具雏形。李信眼见完工之期不远,开始招收新的教师团队,为了加快招收速度,他又一次开出了略高于市场价格的薪资。可这一次,金钱攻势没能奏效。原因是,每一个教师在试用期,李信都会安排专人向其传递大师的智慧,结果被很多人误以为和"传销"有关,仓皇逃窜。市场部的经理这时本想向李信建言:不如等对方入职后再和他聊这些，可他已经猜到李信的回答会是：不想追求智慧的人，不适合留在我们机构。于是索性缄口不言，看着招收陷入尴尬之境而坐视不理。

"劝退"了多位求职者以后，李信教育培训机构的恶名继续扩散，开始被讲师集体抵制，机构里原来的讲师，为了防止自己和机构一起臭掉，开始寻找下家。于是，在招了三周的讲师以后，一个极其尴尬的局面出现了：李信教育培训机构的讲师数量不升反降。走到这一步，李信也开始嗅出机构中的异样气息，他不再执着于"智慧传播"，可惜为时已晚，失去的民心，并没有复还，不想来的人还是没有来。

又过了一周之后，新的教学中心竣工，李信把机构中原来的师生转移过去。随后，他又求朋友从外地给他高薪输送了一批讲师，算是暂时延缓了"讲师荒"的问题，可随后的学员招收，境况比招讲师还惨淡，任李信带着机构上下摇旗呐喊，外界自是岿然不动，仿佛这家机构和他们生活在不同维度。一周以后，李信盯着惨淡的新增学员数，感受和《三体》中等待打击的地球人几无二致，绝望入髓，无人可解。

后来李信相继推出多种优惠措施，到最后干脆直接把课程白送，甚至还让市场部给前来报名的学员准备一些礼品，美其名曰回馈社会。这一次，终于开始有结队的学员前来报名，不过他们中的许多人，都是直接拿了礼品便走人，并不来上课。至于抱着权且一试的态度来上课的那些同学，李信教育培训机构在他们每个人身上获得的利润是——负500元。这五百元里，既包括礼品费，也包括分摊到每个人头上的教师工资、物业费、装修费以及教学器材等费用，李信完全是在赔本赚吆喝。

一段时间后，最后那批坚守在机构里的讲师也觉得自己的工作已经失去意义，继续留在此地只能给机构殉葬。于是，最后一批离职潮开始，心灰意懒的李信找不到挽留他们的理由，只好任其离开。

走到这一步，李信终于找回了曾经务实的自己，他知道，机构继续经营一天，自己账户上的钱就要少一分，他不想拖到破产，于是开始联系买家，试图将机构转让出去。他第一个找到的人是自己的死对头罗川，此时此刻，李信已经放下对罗川的敌意和成见，他只希望对方大发慈悲，施以援手。罗川的回答则很官方：对你的机构我很遗憾，收购的事我很抱歉。挂断电话之前，罗川还特意补充了一句："培训师的话不能太当真，毕竟公司是你自己的，除了你，没人真心希望它好。"后来李信发动所有人脉，希望找到愿意接手自家机构的好心人，可惜他发出的祈愿不像《三体》中叶文洁向宇宙发射的信号一样，得到了三体星人的回应，他的机构终是无人问津。

当时业内普遍认为李信教育培训机构的公司存在着极其严重的问题，李信本人的脑子也有问题。声音后来传到李信的耳朵里，他无可奈何，只好把刚装修好的教学中心抛售，然后又花了一笔钱把机构里仅存的一些人遣散掉。至此，李信的教育培训机构彻底死于非命。

11

机构倒掉之后，李信曾怒不可遏地给三金智慧传播机构的客服打过电话，痛斥他们的骗局，客服此时一改过去亲昵的语气，表示三金公司和学员之间完全是你情我愿的商业行为，不存在所谓的欺诈，没有老师能够保证自己教过的所有学生都成材，更没有义务让所有学生都成材。后来李信给三金座下的弟子打了同样的电话，对方也是这番说辞，但欢迎他来机构继续接受教育，气得李信把手机狠狠地摔在了地上。

一位学员的事业戛然而止，三金的智慧传播大业却仍在继续。李信曾听过的课，后来三金又不知向多少人讲过多少遍，台下仍然是数以千计乃至万计的趋从者，他们置身于三金布下的场域中，随着三金的口令举手放下，自以为窥得了真理的一鳞半爪，其实他们不过是另一个李信而已。

12

近年来，创业成功的人越来越少，所谓的创业导师却越来越多。这些自己还没有踢开商业世界大门的人，居然敢明目张胆地扬言要教人如何功成名就，也是一番奇景。

不过世间的老师向来都是如此，他自己未必很懂，但只要他装出一副很懂的样子，就会有完全不懂的人前来拜师学艺。创业导师们的定位极为准确，如果新世纪有人想写一本新的《定位》，他们可作为经典案例入书。他们晓得凭自己的话术，断然说不动那些大企业家和受过高等教育的创业者，于是就把知识底蕴不深、精神世界空虚的中小企业家作为自己的受众。这部分人肯拼命、会赚钱，但通常是有钱了没身体，有小三没家庭，有子女没传人，急需寻获一种精神寄托。于是创业导师们顺理成章地扮演起了"心灵导师"的角色。宗教是他们的外壳，他们教授的，不过是那些直接浅显的世俗道理，这些道理乍听起来会取得所有人的认同，但细思却有很多自相矛盾之处，可惜好多人根本就不具备独立思考的能力，于是成了拜服在大师脚下的虔诚信徒。

大师的只言片语，被他们信奉为真理。可就像韩寒所说的："我们听过太多道理，却依然过不好这一生。"大师口中的说辞都没法使他们自己创业成功，何况是这些说辞的接收者，因而近年来误信创业导师，致使公司败亡的例子不胜枚举。

说这些话不是全盘否定创业导师，我个人认为，有资格教人者，首先得确保自己确实精通所教的领域，如果一名创业导师自己都没有成功创业的经历，那么此人必定是不足信的。希望创业导师的春梦早日梦醒，希望有志于创业的朋友擦亮眼睛。

二、被职业经理人拆散的"夫妻店"

——比流言更可怕的，是偏见

1

流言猛于虎，因为虎只能在自己的领地内逞凶，流言却有一双无形的脚，仅以口、耳为媒介，便能像流感一般大范围肆虐。中招者往往身体安然无恙，内心却被啃噬殆尽，这是比鞭笞肉体更残忍的酷刑。

偏见甚于流言，因为流言无根无由，一经澄清，随即烟消云散。偏见却是驻扎在人心中的歧视，撼江山易，撼内心难。且偏见毫无逻辑可言，用寻常的道理是说不透它的，它只是一种偏狭的看法，理由不重要，或者完全不需要理由。

在商业宇宙中，夫妻店一直被高挂在偏见之树上，尽管相当一部分的企业在创办之初，乃至包括后来，都是采用的这种模式，而且收效甚好，但在好多人（包括企业的创办者）眼中，夫妻店还是一种荒蛮、原始的管理模式，与"扯皮""低效""混乱"这些字眼脱不了干系。加之有"当当""百度"等知名企业作为例证，偏见逐渐成了某种程度上的"群众意见"。

几百年前法国人在《乌合之众》里已然向我们明言：多数人的意见并不代表真知灼见，尤其在"盲信盲从"蔚然成风的当下就更是如此。急于摆脱夫妻店的人，往往会死在夫妻各自飞之时……

2

如果有一幕镜头此时探照到林霜的办公室，就会发觉此处的光景和前几年别无二致，办公桌上依旧是那盆矢车菊，办公桌后面，仍旧是一个坐姿端正的男人。他此时正在阅读妻子刘晗刚刚递上来的财务报表，眉头紧锁，似在思忖沉吟。"这一季度的利润和上一季度相比基本没有变化，还是没能突破一千万大关"，说这话的时候，林霜的语气有些不快，"学员数量不是有所增加吗，这是怎么回事?"妻子刘晗一脸轻松地答道："这一季度的宣传支出多了不少，别家都做广告，咱们不做不行。""另外那几家想追上我们还得等上几百年呢，他们不是我们对标的对象，我们的最终目标是要赶超学而思和新东方"，林霜突然有些情绪激动。刘晗不说话，只是看着丈夫笑，林霜无可奈何，只得把话题转到别处……

以上场景在过去几年里已然发生过千百次，好多东西仿佛凝固般静止不变，一再重复。譬如霜晗教育培训机构的年营收，在两年前就已突破四千万，此后起起伏伏，但始终没能突破亿元大关，有几次和"亿"这个货币单位貌似只在咫尺之间，但林霜一努力，离目标反而更远了些，搞得林霜哭笑不得。同样不变的还有两口子的对话姿态，每次财报一出，刘晗都会亲自给丈夫送过来，因为她知道自己家的男人对财报上的数字一定一如既往的不满意，别人去送，他一定又要问东问西，于是就索性自己来。她不似丈夫那般不知足，觉得在教育培训机构像雨后春笋般不断涌现的今天，能做到守成已然不容易，守江山本就比打江山要难嘛。

其实若以世俗的标准去看，林霜和刘晗绝对称得上是成功人士，以他们夫妻二人的名字命名的教育培训机构，无论是业务范畴的广度还是营业收入，在他们那座小城都像某款电动车的广告词一样，"在业内遥遥领先"，他们带出来的学员，手挽手或许也能实现绕城几圈的壮举。如果再考虑到这对夫妻都只有大专学历，没背景没关系，一路走来，仰仗的只有艰苦奋斗、省吃俭用和精细化管理，相信所有心智正常的人都会向他们脱帽致敬。

这就是刘晗此时的想法：身为一个普通人，我已经在自己的能力边界之内把事情做到极致，想更进一步基本不可能，因此与其贸然开疆拓土，莫不如把"江山"守牢，福荫子孙。林霜和妻子的想法则完全不一样，他不觉得坐拥几千万身家是一件值得炫耀的事，拿到富豪圈里，也就是还没脱贫的水平，而且自己才刚过知天命之年，现在坐吃山空还为时过早，现在教育培训行业前景这么好，自己有时间、有资金，为什么不在这个朝阳行业里肆意奔跑呢？

林霜曾多次在酒局上对妻子刘晗的"小农意识"加以嘲讽，说她早就该回家带孩子，女人的战场在厨房，男人的战场在商界。尽管酒醒后他每每心生悔意，觉得自己言语过火，对妻子不敬。但他的酒后失言中，其实暗含了自己的期许和真心实意。当然，尽管林霜自认比妻子刘晗境界高远，可与此同时，他也面临着和妻子刘晗一样的窘境——个人能力已经基本开发到极致，很难推动机构再上一个台阶。

因而在很早之前，他就向妻子提出了将机构职业化管理的方案，建议聘请高学历的职业经理人，取代他们夫妻运营公司，他们则转到幕后把控大局。没想到此言一出，弄得刘晗大为光火，当晚就让林霜滚去睡沙发。几天后刘晗渐渐气消，二人平心静气地谈了一次，林霜说了一通理由试图说服妻子，高学历的职业经理人"更懂人事，更懂运营，更懂财务，更懂公共关系"云云，但妻子一句也没听进去，她反对的理由很简单，机构不是职业经理人的，他不会把它当成孩子小心照顾，而自己会，所以自己更适合操盘公司。话说到这个份上，林霜觉得继续聊有些不近人情，于是就暂时搁置了方案，以后再没在刘晗面前提起过。可"职业化管理"代替"夫妻店"的思维种子，从那时起便已深埋在他的心里。

此后的年月，霜晗教育培训机构继续安稳运作，林霜和刘晗的账户每个月继续增加着一定数额的钱款，霜晗机构在本地继续占据着教育培训市场最大的份额，刘晗继续着此前的精细化运营，林霜则一如既往地试图找寻突破口，希望机构能更上一层楼……现今社会人人期望的岁月静好，林霜却只觉其一片死灰，自己看不到希望的火种，他想要改变现状，迫切地改变……

3

决定走职业化路线之后，林霜背着刘晗见了十几位职业经理人。其中一部分是他主动联系的，这些人大多在业内小有名气，另一部分则主要依靠朋友推荐，酒局上或电话里的朋友每推荐一个人之前，都会信誓旦旦地向林霜打包票，"你就放心吧老林，我的眼睛多毒你还不清楚吗，请了他之后，你就可以安心和嫂子去环球旅行了。"结果这些人之中，连一位能让林霜安心在家里过周末的人都没有。

林霜和他们聊过之后竟然得出了同一个印象：这些混迹在教育

培训行业多年的老油条，说辞是旧的，思维是老的，精神世界是陈腐的，捞钱的心是迫切的，把机构交给他们，结局是必败的。他需要一个有职业精神的人，肯把机构当家的人，管理和运营思维对接时代的人，以及自己永远无法做到的——高学历人才。一个人越缺乏什么，就会越迷恋什么，缺爱的人迷信爱情，缺乏自尊的人最重脸面，缺乏自信的人则喜欢四处兜售自己，获得认同。林霜认为自己最大的短板是素质能力不足，所以他要的人必须高素质，而高素质在他眼中，就约等于高学历。

　　林霜很清楚自己想要什么样的人，如今他不过是未得其人而已。既然"一将难求"，他和刘晗就只好继续"暂代"机构管理者一职，然后一边经营一边等。要等多久林霜也不清楚，但他还算乐观，觉得总不会是《大话西游》里说的"一万年"吧。他做好了打持久战的准备，心想如果自己在古稀之年遇到了靠谱的接班人，再把机构交给他打理也不算晚。但命运并未让他等太久，和许多老套的电影桥段一样，他和"意中人"的遇见亦是偶遇。

　　林霜是在2013年年底遇到陈染的，在一次教育培训行业的会议上。和此前很多次会议一样，林霜坐在台下充当看客，面带倦色地看着台上的业界名流精心地炫耀着自己的翎毛。有的以自谦作为开场白，"兄弟我实在别无长处"，但实际目的和梁任公一样，是为了引出下一句自夸的话，"除了教育培训，我什么都做不好"。有的则收起平日里狂妄的嘴脸，声泪俱下在那里忆苦思甜，讲话的主旨大意用今天的流行语即可概括：虽然彼时的我身处苟且的境况，但我从来没有停止过追寻诗和远方，且我尝遍冷暖，赤诚之心不变，历尽千帆，归来仍是少年。昨晚在会所里一掷千金的事显然被他忘得一干二净。但演讲者聊得最多的，还是对教育培训行业走势的判断，这些话通常很主观，参考价值不高。搞一对一的坚称未来一对一教学将会取代其他所有教学模式，理由是"人类将会变得越来越自我"；搞早教的则认为早教才是未来几十年的朝阳领域，因为"学习要从娃娃抓起"；业务范畴齐全的机构老板则认为立体化的业务模式才是大势所趋，因为"人们的需求正在逐渐变得多元化"……万变不离其宗，所有人的走势预判其实都有一个共同的指向——老子对了，其他人要倒霉了。身为观众的林霜很想上台喊一句，"你们去年就是这套说辞，今年好歹把开场白换一下嘛。"

听到后来，林霜的个人意识越来越淡薄，他开始变成一名从众者，别人笑他就咧嘴，别人鼓掌他就拍手，别人哭他就露出悲戚的神色，因为眼泪实在是挤不出来。不管怎样，在公众场合，合群才是第一要义。他也不知道自己的浑噩状态持续了多久，总之台上走马观花，他的意识也早已归家，尽快过完那段时间是他彼时唯一的念头。

事后林霜也想不起具体的节点，但从某一刻开始，某位年轻人的演讲确实把他飘远的思绪拉了回来。他的演讲主题是"教育培训行业的线上运营模式"，在今天，恐怕教育培训机构的打更大爷都能因为耳濡目染，就这个主题和人聊上几句。但在线教育在国内大范围兴起是自2014年伊始的，在此之前，大家都还在观望、琢磨、试探，好多人对这个概念的理解并不很透。因而此人的演讲从一开始就吸引了颇多注目，交头接耳者、思绪飘飞者、心猿意马者，无一不被拉回。整个会场一片寂静，大家虔诚地就像在做弥撒的基督徒。在场的几位真正了解在线教育的行家，听上一会儿便知道这个年轻人的演讲内容，无论是立意还是观点，都是剽窃自国外的，并没有自出机杼。但他的口才实在是太好了，时而旁征博引，时而中西结合，音调铿锵，情绪饱满，再配上他得体的举止加俊朗的外形，就算没能做到无中生有，但也做到了改头换面，把别人的东西打上了自己的烙印，于是很轻易地便俘获了在场一众听者的认同。有些人就是能用精巧的话术完美地掩盖内容上的空洞，这是一种天赋，也是反复训练的结果。

林霜自始至终连眼睛都不敢眨，生怕短暂的张合之间会让自己错过什么。整段演讲听下来，林霜只得出了一个结论：真神人也！活动结束后，林霜马不停蹄地开始了自己的找寻工作——寻觅刚才让自己为之疯魔的年轻人，但活动现场的人实在是太多，活动一结束，大家如散沙般一齐从指缝间流走，林霜根本握不住自己想要的那粒砂，他甚至连对方离开的背影都没能捕捉到。后来他找到现场活动的组织者，表示自己想要那位演讲者的联系方式，对方笑意盈盈地说："您是今天第12个来找陈染先生的，陈先生很喜欢交朋友，知道您有意认识他，估计会很高兴。"说完便递了一张名片给他。面对这一显然是有备而来的举动，林霜的理解很善良：这个小伙子一定是人太好了，不希望让任何人遭受冷落。随即他接过名片，带着一份舒适的心情离开了会场。回家的路上他把那张制作精美的名片反复看了上百遍，名片上其实不过才寥寥几十字而已：陈染、教育学与工商管理学双硕士、毕业于开普敦大学、职业经理人。就是这几十个字，加上活动现场那十几分钟的"完美"表现，就已经让林霜对陈染一见倾心。

第二天林霜主动给陈染打了电话，对方不认识他，但言辞间有一种很热络的语气，就像是在和一个情谊深厚但许久未见的老朋友聊天。"是陈染先生吗？我是霜晗教育培训机构的校长，我叫林霜。""林校长啊，我们刚在活动现场见过的，只是因为时间和场地受限，没机会和您详谈。"三言两语间，林霜便觉得对方也认识他，连自己不过是区区观众的事实也丢在脑后了。于是他继续说："我听了您的演讲之后觉得很受启发，很希望有机会能再次聆听教诲。""大家都是朋友，您这么说就生分了，而且我也不过是喝过点洋墨水，接触了些新事物而已，国内教育培训行业的动向，我也得请您指教一二啊。"郎有情妾有意，于是两人约在周末一起聊聊。为了显示自己的诚意，林霜主动提出要飞去陈染所在的城市。陈染谦让了一番，最后接受。

接下来的几天，林霜倍感煎熬，他因为想尽早见到陈染，于是坐立行止都显得有些焦躁。刘晗觉出丈夫的异样，觉得他八成是在会议上受了什么刺激，但她不打算问，免得丈夫又提起扩张机构规模的事。而这几天之中，陈染见了不下十位教育培训机构的校长，林霜是他约见的第十一人。

在赶去机场之前，林霜好好把自己捯饬了一番，光是西装就熨了好几套，然后又对着镜子很认真地一套一套试穿。搭配领带的时候，他更犯了难，几十条领带，每一条都在合适与不合适之间徘徊，怎么选？他向刘晗征求意见，刘晗双手一摊，表示爱莫能助。后来眼见着时间越来越少，林霜的选择困难症被迫终结，他索性挑了一套最贵的西装，一双最贵的皮鞋，一条最贵的领带，然后穿戴完毕，喷了些古龙水出发。

和林霜的"大张旗鼓"不同，陈染那天的打扮很休闲、很家居，这让林霜觉得自己有些反应过度了，一次"私人谈话"，搞得像"元首会谈"，很没有必要。两人都坐下后，照例寒暄了一番，然后就开始聊起了自己。从陈染的口中，林霜得知对方出自一个知识分子聚集的家族。陈染的父母都是高校里的教授，他们家的亲戚大多也属于这一阶层，不是在高校担任导师，就是在医院服务大众。从小受环境浸染，所以陈染原本也打算追随前人的脚步，做一名高校里的教育工作者。但到了美国之后，他接触到了"真真正正"的教育，觉得以身教人的影响终究是有限的，几十年的教龄，你能影响到几个人呢，其中的大多数，怕是连名字都叫不出来。因而更重要的是，要形成一个正确、科学的教育体系，并且尽可能地把更多人纳入这一体系之中。他这次回国，就是想配合一位目标高远的企业家，做成一件"大事"。可惜，他至今没能遇到既有情怀又有理想的企业家。

陈染说完了自己，林霜也打开了话匣子，关于自己的家族史和成长史，他有意隐去了，以免在陈染面前露怯。他着重说的，是自家机构的现状：机构规模在市里基本做到了前几位，近年来却一直停步不前，年营收迟迟无法突破亿元大关，上市目标遥遥无期，最恼人的是，妻子和自己的经营理念完全不一样，她只想守成，不想征伐，于是机构就只好一直处在不尴不尬的位置上。

林霜介绍完自己的处境后，面带忧虑地盯着陈染看，陈染没有直接就他的困惑给出答案，而是聊起了往事。"我在美国读书的时候，我们教授曾讲过这样一句话，让我印象很深刻，他说当今时代，是一个抢钱的时代，强者未必恒强，弱者也未必恒弱，谁都有可能沦为被掠夺的一方，而其中最弱势的阶层，就是所谓的守成派，因为他们不懂进取,最软弱可欺,于是大家就索性都来他们嘴里抢夺食物,我们学院的院长带我们做过一个项目,在国际上拿过大奖,我们最终的调研结果显示,无论是行业拓荒期、平稳运行期还是败退期,最先死掉的都是那些安于现状的企业,一将功成万骨枯,最底层的枯骨,就是他们,他们的死亡率高达94%。"一席话听得林霜直冒冷汗,他正待要问,陈染继续说道:"我很幸运,在美国读教育硕士期间遇到了一位好老师,他是国际上最知名的教育学专家,在他看来,教育是永恒的朝阳行业,可这并不意味着你何时入行都有机会,无论是大范围的国家还是小范围的地区,教育市场的规模都是有限的,几家寡头公司一起瓜分大部分资源是迟早的事,所以教育家绝不能等,他们的任务,是把远期目标尽可能地在当下实现,否则机会稍纵即逝,悔之晚矣。"在听的过程中,林霜连连点头,他甚至想把陈染的话录下来,带回去让刘晗听听。

随后林霜又向陈染抛出了几个问题,自始至终,陈染回答得极其干脆利落。"您怎么看待夫妻共同经营一家企业的情况?""目前很少有大公司是靠夫妻店做成的,就算有,也不可避免地会走向衰落。""那该怎么办?""二选一,丈夫或妻子中战略意识更好的那位留下,然后聘请职业经理人,走职业化路线。""教育培训行业的风口在什么时候?""朝阳行业是没有风口一说的,爬得最高的人,一定是起得早、胆子大的人,谁有魄力不破不立,谁就有机会做到最大。"

陈染的每一句话都说到了林霜的心坎上,此前林霜觉得自己就像独自飘零在海上的水手,没有战友,失去方向,可此时陈染从天而降,还顺便带来了指南针,自己有了帮手,同时也有了归处。所以在谈话的最后，林霜力邀陈染担任自家机构里的执行副总，可没想到陈染马上就提出了一个直指本原的问题："嫂夫人会同意吗？"林霜沉吟半晌，最后无奈叹了口气，"那就请陈兄暂时担当我们机构的顾问吧，享受副总待遇。"陈染答应去机构帮忙，但表示在薪酬上不必有特别的优待，以免招致其他员工不满，林霜因此更敬佩陈染了。

4

在和陈染谈妥之后，林霜回去先和刘晗打了声招呼，说自己这次出门见客户，对方向自己推荐了一位"海归硕士"，自己考察了他一番，觉得是可用之才，就请他来公司担任顾问，负责教师队伍的筛选和考核工作。刘晗觉得能有专人替自己分担这些细碎的工作，自己就可以把精力更多地匀给家庭，于是很爽快地答应了。那个时候，她和林霜的两个孩子年底就要升入初中，正需要有人看管，林霜的母亲久病在床，也需要专人照顾，虽然家里不缺保姆和家庭教师，但刘晗总是放心不下，一天至少要往家里打几个电话，还会不时地找班主任问询孩子的学习情况。

陈染是在周一和林霜一起进入公司的，林霜特意把机构里的全体教职工都叫了过来，认识一下这位空降而来的新同事。林霜抛砖引玉，只说了陈染将要担任的职务和他的海归背景，然后就把表现的机会交给了陈染。那天陈染身着一套深色职业装，把自己海归精英的气质积聚得恰到好处，他安静地站在那里，女员工就会很自然地对其产生好感，因为他有卓尔不群的气质，而他一开口，往往就能让男同胞也为之折服，因为他的发言既有腔调又有内容，是同性拼命想要达成的那种效果。他的发言很长，再认真的人也很难记住全部内容，不过他的某几句话在此后很长一段时间里都深深地铭刻在了所有人的脑海里，譬如"我是来为机构服务的""在美国我学的是书本上的知识，在这里，我想向林总、刘总和大家学些真本事""教育培训是朝阳行业，朝阳行业没有终点，而我们一直在向终点逼近"……林霜一如既往地喜欢他的发言，刘晗也很喜欢他的低姿态，这更重要。在陈染初来乍到的第一天，夫妻二人对他的个人印象基本一致。

两天之后，陈染基本熟悉了机构的业务流程和自己负责的工作内容，不过如果有人用心观察，就会发现陈染的工作重心并没有放在具体业务上，此前说好的教师筛选和考核，林霜交给了别人去负责，陈染每天的大半时间，都耗费在了和林霜的"对话"上。林霜在向这位比自己年轻的海归"取经"，陈染在机构中扮演的是"帝师"一角。因为过往匮乏的教育经历，所以一遇到陈染，林霜就像依附在人大腿上的蚂蟥那样拼命吮吸他的精华，跟随陈染这位引路人，林霜自觉走入了新大陆。他听到了太多此前闻所未闻的新概念、新名词，"e-Learning、to C模式、to B模式、互联网+教育、移动+教育、知识付费平台、B2B2C在线教育平台"，等等，这些概念和名词，有些他听得一知半解，有些听完则干脆如耳边过风，根本记不住。但越是理解不了越是希望多接触，一时间，他就像一位第一次进城的乡下人一样，什么都没见过，又什么都想摸摸、闻闻、尝尝。这让他更迫切地希望与陈染多交流，仿佛陈染是他专程聘来辅导自己的私人讲师。

在林霜心目中，陈染是一位万中无一的老师，这位老师底蕴深厚，学贯中西，更重要的是，他对学生的耐心甚至超过了学生对自己的耐心，好多次在向陈染请教时，林霜自己都有了放弃的念头，陈染却始终温声细语、不厌其烦。这个年轻人具备了一名教育家所应具备的一切素质，林霜想。

林霜和陈染走得过近，刘晗一开始是不知情的。直到机构里四处传开风言风语，加上她几次去找林霜，陈染都在林霜的办公室，她才开始意识到流言的真实性。于是她找到林霜，逼问丈夫聘请陈染来公司的真实目的。林霜表现得很沉着，他语气平静地说："陈染还是担任机构顾问，待遇不变，不过通过这段时间的观察，我发现陈染还是负责把控战略方向更能体现价值，让他考核老师，未免有些屈才了。"听到"战略方向"这几个字，刘晗当时就炸了，"你什么意思啊，就是让这个外人进入核心管理层呗？"陈染来之前，机构的核心管理层只有他们夫妻二人，这是一家名副其实的"夫妻店"。林霜盯着妻子涨得通红的脸瞧了一会儿，然后缓缓答道："那倒不至于，只不过是让这位喝过洋墨水的硕士为我们提供一些新思路而已。""你什么时候开始学会崇洋媚外了？机构迟早得被你搞垮。"刘晗开始上纲上线。听到这儿，林霜也急了，"那你说怎么办，两年多了，机构一直止步不前，你一直说守成，不进则退你懂不懂，你以为是两口子开小卖部呐，说守就能守？外面一群狼等着分我们的学员，抢我们的讲师呢！"听完这几句话，刘晗的情绪更激烈了，"你的意思是我害了机构对吗？是我让机构没法突破一亿元的营业额？是我影响了你的上市大业？"说到最后，刘晗的声音都哽咽了，眼眶也有些发红。林霜见妻子动了真气，忙上来哄她。可他刚把手搭在刘晗的肩膀上，刘晗就用力耸了下肩膀，而后夺门而出，留下林霜一人在办公室里叹气。当晚，夫妻二人背靠背入眠，一夜无话。

第二天陈染主动找到林霜，提起了他们夫妻吵架的事。也难怪陈染知情，刘晗的架势像泼妇骂街似的，想听不到也难，林霜如是想。林霜以为是刘晗的失态让陈染动了气，于是就用略带歉意的口吻解释说："刘晗老师不是冲你，她是对我有火气，我一提上市的事，她就要狂躁一次。"陈染摆了摆手表示自己绝无此意，"我是觉得，如果刘老师不喜欢有我这种人出现在机构里，那我主动请辞可能对大家都好，毕竟您夫人的心情比什么都重要。"这一席话说得林霜沉默良久，昨天刘晗的张牙舞爪此时一一浮现在他的眼前，和陈染的"识大体"两相对比，高下立判。这更加坚定了林霜走职业化路线的决心，妻子的不职业表现在陈染面前，也显得太不堪了。

两人说话间，刘晗突然走进办公室，她看见陈染还在，显然吃了一惊，不过她很快定了定神，说道："妈又旧病复发了，我们得赶紧去医院看看。"林霜闻言赶紧披上外套，顾不得陈染就和刘晗去往医院。诊断结果出来，和以前一样，心脏病引起的心源性昏厥。不过老太太的心脏病加重了，过去日常服药控制就好，现在不长期住院是不可能了，万一哪天突发性晕厥，出了事儿女想哭都来不及。住院自然没问题，可久病缠身的老人，此时已退化成"老小孩"，和满月的孩子一样脆弱，需要子女精心呵护。林霜的母亲醒了之后，说什么都要林霜夫妇留在医院陪自己，任二人好说歹说，医生护士帮腔也开解不了，最后没法，只好留下刘晗陪老人，林霜回机构料理事宜。回机构的路上，林霜有些颓废，自己一路拼搏至今，不就是为了家人能有更好的生活吗？现在连为人子的义务都尽不了，赚得金山银山又有何用?

　　不过一走进机构的大门,林霜的气势立刻又起来了,"未达目标之前,精力可万万不能分散啊,竞争对手可不会因为你家里有事就手下留情的。"从贫苦一路走到今天,他很擅长调整自己的状态和情绪。回到机构之后,林霜马上叫来了陈染,他先就自己早上的不辞而别道了个歉,没想到陈染反而对他的孝心表达了一番敬佩。此人真君子也,林霜在心中暗暗夸赞道。后来他主动向陈染说起自己家的情况——孩子即将面临人生的关键时期,老人重病住院。自己没法做到工作家庭一肩挑,该怎么办?陈染见林霜如此坦诚,自己也就不再藏着掖着,很直接地给出了自己的意见:"我觉得您和嫂夫人,至少要有一位回归家庭,你们这么拼不就是为了家人吗,舍家人于不顾岂不是南辕北辙?"林霜深以为然,"钱是赚不完的。"之后他又试探性地问道,"那你觉得我和刘晗老师,谁更适合回归家庭呢?"陈染思索良久,最后语气坚定地答道:"我觉得您的工作更加不可替代。"听完这句话,林霜心里的石头落了地。从这一刻起,他决心要把妻子"请出"公司,但该怎么和对方说,他还没有想清楚,这个时候孩子给了他答案。

　　某天他下班回家,刚解开领带,瘫坐在沙发上,刘晗就丢给他一张试卷,卷面上赫然写着数字"63"。林霜把试卷展开一看,发现是儿子的期中数学试卷。他的脸直接就绿了,喊儿子过来,想问个究竟。"你别叫他了,刚被我训了一通,在卧室里哭呢。""怎么回事?"林霜小声问道,"自己瞎混呗。"刘晗故意把音调提高,她就是想让儿子听到。林霜把试卷翻过来调过去地看,始终不敢相信自己的眼睛,在他的印象里,儿子一直是优等生,光是奖状就能贴满一面墙壁，怎么可能会堕落至此？但事实摆在眼前，容不得他不信，再这么混下去，重点中学眼见着是无望了。公司事多，老母重病，儿子学业又出状况，这几件大事叠加在一起，搞得林霜有些焦躁。不过这时他的心里瞬间闪过一个念头，这不就是劝退妻子最好的时机吗？

吃饭的时候，林霜一直引导性地向儿子提问题。"前几次家长会，我和你妈妈没去，你是不是生气了？""嗯。""放学从来都只有保姆接你，你是不是一直就有意见？""是。""你学习成绩下降，是不是因为和我们闹情绪？""有这个原因。"……这么个提问法，得到的回答自然多半是肯定的，一时间搞得刘晗也觉得问题出在自己和丈夫身上，而非儿子身上。后来她一直给儿子夹肉菜，仿佛想在饭桌上把亏欠对方的，一齐补回来，这些林霜都看在眼里。

临睡前，林霜特意和妻子刘晗谈了一次心，主题是——在我们创造财富的过程中失去的那些东西。林霜回顾了一下自己和妻子的创业过程，前期他们靠的只有两个字，拼和省，那是他们最苦的时候，也是家人最苦的时候，连换季衣物都舍不得买；后来机构逐渐壮大，家里的经济状况开始好转，但他们比过去更忙了，于是孩子就由奶奶带，和奶奶亲，和父母生分；再后来奶奶生病，家里请了两位保姆，一位带孩子，一位照顾老人，没有征得家人的同意，刘晗和丈夫，自作主张地把他们甩给了陌生人；最后就是现在，老人在医院里没有安全感，需要人陪，孩子在学校没有归属感，需要人为伴……在林霜述说的过程中，刘晗一言不发，不知从何时起，她无声地哭了。林霜最后提议她回归家庭，等家里度过这段困难时期再回公司，刘晗没有表示反对。只要自己的接班人靠谱，能保证机构平稳运行，自己愿意做一名合格的儿媳、靠谱的母亲，这是刘晗让步之后的想法。

知道事情有望成功，第二天林霜很认真地找陈染谈了一次，希望他能配合自己把夫人刘晗请回家。陈染表示很为难，一再表示这种大事应该由他们夫妻商量，外人很难置喙。林霜则告诉陈染不要有心理负担，这件事已经基本敲定下来，但他们需要做一些事，让刘晗放心。同时他明确向陈染表示，刘晗的接班人，已经非他莫属。听到这句话，陈染又是一番谦让。最后，在林霜的一再坚持下，他终于肯坐下来和林霜商讨方案。这个时候，陈染又表现出了自己的"高风亮节"。他觉得刘晗之所以一直不想将机构职业化，是因为担心大权旁落，自家的机构被别人鸠占鹊巢，所以为使刘晗放心，他向林霜建议，只任命自己担任机构的常务副校长，负责具体的运营管理事宜，至于重要决策，还是由他们夫妻做主。与此同时，他还提出了两条制约条款和协议条款。前者的内容是，陈染批准的每一笔支出都要由林霜签字方可生效，后面的条款内容则比较细化，它更像一纸激励制合同，总结说来就是，在一定期限内，陈染需要完成绩效目标要求，如此方能获得对应的市场化薪酬和绩效激励，反之则会被扣减报酬，并且被扫地出门。他们商定的绩效目标是两亿的年营收，时限为两年。

协议签好之后，林霜带着陈染去找刘晗面谈，彼时的刘晗刚被儿子的班主任叫去"约谈"，这时她才知道儿子不在状态很长一段时间了，老师的一句话让她很受触动，"林昊是个好孩子，老师们也都很用心，但你们家长多少也要出一份力。"谈完之后，她的心离家更近了，离公司更远了。

看见林霜和陈染一道来找自己，刘晗已经猜到他们的来意，所以她直接开口问道："你们想好对策了吗?"不知是因为对妻子心怀歉意还是其他原因，林霜没有说话，他直接把协议和合同递给了妻子。刘晗看见合同上写着委任陈染担任常务副校长，心先放下了一半儿。只是常务校长，无关大体的，她想。她看得最仔细的地方是激励制合同，从上到下反复通读了几遍，读过之后她问陈染："陈老师，您就不担心自己白忙一场吗?"陈染微微笑道："我对机构、林校长和自己满怀信心。"林霜很中意这个回答。

最后，刘晗同意自己暂时性地卸甲归田，由陈染和其他领导配合林霜，带着机构继续走下去。之后很长的一段时间里，刘晗没有在机构里露面，她没做告别没做交代，甚至还有意屏蔽了平时和自己走得较近的那些同事，就怕他们追问，自己无以作答。回归家庭的初期，她几乎每天都要向丈夫问起机构和陈染的情况，每次林霜的回答都是："机构很好，陈染很好，一切都很好。"后来她索性不再问，林霜也不会主动和她说，她真的成了照顾一家老小的家庭主妇。

5

协议签订后的第二天，林霜带着拥有全新身份的陈染再一次出现在众人的面前。和初来乍到时带给大家的惊艳和欢欣不同，此时一线讲师和机构管理层对他的看法，都已经发生变化。讲师希望这个思想开化的"海归"能帮自己松松绑，过去刘晗力推的精细化管理约束实在太多，虽然她开出的薪资也很诱人。希望爬得更高的管理精英们则视陈染为大敌，寸功未建，这个毛头小子就爬到了常务副校长的位置上，谁晓得他的上限在哪，甜头都是他的，自己怎么办？所以在陈染讲完话，林霜示意大家鼓掌时，每个人的脸上都涌现着五味杂陈，虽然陈染的发言是一如既往的精彩。

之后，林霜把刘晗不再担任机构一线管理者的情况向大家做了通报，包括管理层在内的所有教职工初次听说这个消息，瞬时间，现场响起了不绝于耳的窃窃私语声。林霜示意大家安静，然后解释道："刘晗老师的角色无可替代，但此时家里更需要她，我们两个人只能有一个留在学校，刘晗老师选择了牺牲自己，成全我。"林霜所讲基本属实，但有心人还是把罪责归结到了陈染身上。匹夫无罪，怀璧其罪，何况陈染究竟有罪与否，现在还很难说，相当一部分教职工，都觉得他和刘晗的离职脱不了干系。

事后林霜把机构的管理层叫去一一安抚，所有人无一例外，都表示自己会无条件接受机构的一切安排。但和他们打过多年交道的林霜，还是感觉出了平静之下孕育的波动，尤其是在提到要他们大力配合陈染的工作时，某几位劳苦功高的"老臣"，明显露出了不易察觉的嫌弃神色。机构要变革、维新，他们将会是第一道阻力，林霜如是想。

果然，几天后就出了状况。那是陈染主持的第一场常务会议，事先已发出声明：各个学科的负责人，各部门的负责人都必须参加，林霜届时将会旁听。可会议时间一到，英语组组长和财务部主管却不见踪影，林霜叫人去催，结果那人回来反馈：两位说手头的工作太多，一时走不开。陈染站起身来，"那我亲自去请。""你坐下。"林霜动了真气，当着他的面公然向机构里的新领导示威，这是他无法接受的。于是林霜临时决定，把常务会改成"批斗会"，被批斗的对象，就是不来赴会的那两位。目的，自然是帮新校长立威，为日后工作的陆续开展铺路，所以他亲自把两位"老臣"叫到了会议室。

见林霜面露愠色，两人也有些后悔，觉得自己做的过火了些，可这个时候服软，颜面何存？于是他们互相递了个眼神，决定一起顽抗到底。面对公司的两位元老，林霜的态度还算和气，"我想问下二位不来参会的原因。"英语组组长率先开口，不过她显然答非所问，吐出来的字连缀在一起，讲述的是她如何在机构成立之初就陪伴在刘晗左右，此后一路披荆斩棘，升到英语组组长的过程。财务部主管也是这套说辞，"我是公司第一届财务主管，也是唯一一届财务主管。"林霜叹了口气，"好的，我知道了，散会吧。"所有人都以为林霜受到了触动，宽宥了他们。事后陈染还替他们说了不少好话，"老臣劳苦功高，有任性的资本""公司人事变动，他们不习惯也很正常""能做到这个位置，他们的适应能力一定很强，相信很快就会雨过天晴"……陈染或许是出于"好心"，但他的好心更加映衬出两位元老的不通情理、居功自傲、任性妄为，更让林霜无法接受的是，他们自始至终都不肯低头道歉，反而一直向外夸耀自己的功绩和履历。这些守旧派和妻子刘晗一样，成了机构的绊马索，林霜愤愤地想。

所以第二天，出乎所有人意料的是，林霜下发了最后通牒，两人要么当众检讨致歉，要么主动离职，他还说这是他和刘晗的共同决定。被逼到悬崖边的两位元老没想到林霜会因为一个毛头小子把事情做得这么绝，他们的处境，就像因为第三者插足而被丈夫嫌弃年老色衰的中年妇女。是该隐忍不发，把日子继续过下去？还是当断即断，从此不问故人长与短？两人最终选择了后者。原因很简单：她们不是离开机构就会失去经济依托的无用之人，此处不留爷，自有留爷处。所以在林霜提出检讨要求后，她们直接递交了辞职报告。和她们一起走的，还有两人培养多年的心腹以及对刘晗的离开十分不满的老员工，总计二十人上下。

林霜没有料到一石激起千层浪的后果，所以紧急召开了全员大会，对其他人的情绪进行了安抚，他还适当地提高了管理层和一线讲师的绩效提成，算是暂时稳住了军心。至于如何填补人员流失带来的岗位空缺，陈染已经提前帮他想好。陈染动用自己的关系网，不到两周的时间，就招到了多位号称有留学背景的人才。他们和陈染一样，衣着得体，待人接物面面俱到，说着一口流利的英文，满嘴新概念、新名词，时常会把自己引以为傲的导师——罗伯特先生或伊莲娜女士挂在嘴边。林霜见陈染帮自己拉来了一支"国际纵队"，乐得合不拢嘴，觉得此番大事济矣。

后来，林霜逐渐把人事任免权全部移交给陈染，因为他在和这些新式人才沟通时，总不免被自卑情结笼罩，进退失据，于是索性让陈染这个能和他们分庭抗礼的领导去管理。在这些人的待遇安排上，陈染一再为机构争取，最后用每人四十万的年薪加年底分红留住了他们。林霜觉得这笔钱花得值，开疆拓土，最需要的就是这种能征善战之将，心疼腰包就太小家子气了。不过有一次他在厕所里偶然听到其中的某个人抱怨工资不够花，一定是他们花钱不节制，林霜想，毕竟像陈染这般靠谱的留学生只是少数，大多数人都被异域的土壤给宠坏了。

留学生队伍进入公司后，陈染开始在林霜的授意下一一把他们安排进管理岗，取代业绩低迷的老员工，这些人直接向陈染汇报工作，对陈染负责。新人换旧人，势必会招致旧人不满。公司管理层中的老人，暗中组成联盟，试图固守住原来属于他们的疆土，以免被蚕食殆尽，自己无处可归。从此以后，公司的管理层级，形成了两支泾渭分明的队伍，一是以陈染为首的少壮派，一是林霜口中的守成派，赋闲在家的刘晗是后者的精神领袖。两个阵营中各自包含着几位管理人员和几十位老师。不消说，林霜的心是向着陈染这边的，可他又不好正大光明地打击老员工，于是就明里暗里地继续给陈染放权，帮他树立权威，巩固地位。这当然进一步激发了守成派的逆反情绪，后来他们阵营中形成了一种无形的纲领：陈染做出的决策，我们不直接反对，可也绝不会认真执行。一场持久的内耗正式开始了。

6

管理层得到整顿之后，林霜觉得机构的变革和扩张可以就此开始了。这个时候，陈染又向他委婉地表示，一线的教师队伍中有太多人在滥竽充数，拖着这么一群能力欠缺、意志薄弱的人，是很难最终抵达罗马的，所以有必要适当地整顿一下队伍。这一番话又戳中了林霜的痛点，他又何尝不知道机构里有太多的平庸之辈呢，可之前刘晗的准则是：能力差点儿没什么，只要对方踏实肯干，而且愿意跟着自己干，霜晗教育培训机构就有他的容身之地。林霜也很清楚，办机构不是做慈善，如果想完成上市目标，拖着这么一堆包袱，怎么可能跑得轻快？善良慈悲和职业化之间，总得做一个取舍。

林霜最终选择的是后者，比起被当成好人，他更想成为一名更成功的商人。一场浩浩汤汤的裁军运动，随即开始了。

陈染实行的是末位淘汰制。此前林霜已经交代过，让陈染放开手脚去干，唯一的考评标准就是业绩，此外不需要考虑其他任何因素。于是被清理出局的人，大多是在机构里工作年限长，但激情燃烧殆尽的老员工。陈染根据每个人的工作年限，为他们申请了不同梯度的补助金额，但最终发放到每个人手里的，都是薄薄的一张信封，这件事只有陈染及其心腹，和那些被淘汰出局的人才知道。有些人觉得自己为机构服务多年，和林霜关系匪浅，想当面讨要个说法，但陈染并没有给他们对话的机会，被劝退的老员工，被勒令在两天之内收拾好东西离开。

淘汰制一开始，机构里的一线教师人人自危，连那些业务能力卓越的骨干教师，都觉得自己未必能在机构中安稳立足，因为在他们心中，陈染"整顿教师队伍，提高整体素质"的说辞不过是一个幌子，作为一个外来者，他其实是在清除异己。所以余下的教师形成了一个基本共识：在表面上要对陈染足够恭顺。可内心深处，他们都恨死了陈染。

赶走一部分跟不上机构理念的老教师之后，陈染没有忙着招人，他和手下人一起，建立了严格的晨会制度、奖惩制度、绩效考核制度以及自省制度。自省制度是他的原创，要求每月业绩靠后的十名老师当众检讨自己的缺失之处，累计检讨三次，即被淘汰。政策一出，还没有来得及执行，就开始有老师陆续递交离职申请书。陈染无可奈何，只好暂时废止这项政策，不过前三种制度被保留了下来。

林霜最开始觉得这些制度对教师束缚过紧，可陈染及时对他做了一番思想按摩，"国外知名的教育培训机构，甚至是国内做大的教育培训机构，内部竞争都很激烈，新东方里的老师，收入差距就很大。有些人之所以不接受，是因为想继续尸位素餐，制度跑起来之后，图上进的老师会喜欢这些制度的。"林霜被说服了：想壮大就不能求安逸，陈染的所作所为很职业。

可老师们没有被说服，他们中的大多数人，不过是想朝九晚五，领一份还能看得过去的工资而已，艰苦奋斗是说给年轻人听的，鼓动不了只想养家糊口的他们。所以自始至终他们都没有认同陈染的理念，只是不想在明面上和他针锋相对，丢掉饭碗而已。

雷厉风行的陈染，在没察觉的情况下，几乎得罪了林霜之外的所有人。

7

道路清扫干净之后，林霜几乎赋予了陈染等同于自己的权力，然后他退居二线，在暗中摩拳擦掌，做好了看陈染斯杀一场的准备。后来机构里的教职工在很长一段时间里没再见过林霜的身影，他担心自己的存在妨碍到陈染这群年轻人。

陈染彻底接管机构后，先给机构里的老师们上了三节课，第一堂课名为"e-Learning"。如果林霜人在现场，就会发现陈染所讲的内容似曾相识，甚至连开场白、停顿、语气、手势都和自己昔日所听所见不差毫厘。这很正常，毕竟陈染已经在不同场合把这门课讲过十几遍了，之后每一次的讲述都是在拷贝第一次。在霜晗教育培训机构全体教职工面前，他再一次宣示了自己的教育理念——自2014年起，中国将正式进入在线教育时代，真正做大的教育培训机构，必须采用线上线下两相结合的模式，自己此番应林校长的邀请，就是要在霜晗教育培训机构做成这件事。同时他还大胆地预测，四年之后，中国的教育培训市场将被三家寡头机构瓜分：新东方、学而思以及霜晗。高远的目标加上陈染煽动力十足的演讲，连那些不太待见陈染的管理者和讲师，都觉得陈染能带他们做大事，赚大钱。

第二天，陈染又做了一场名为"股权划分"的演讲。他扬言，机构上市之后，将会像科技公司华为一样，把股权分给公司里的所有人，到时候，不只林霜刘晗有股份，陈染有股份，全员上下都有股份。只要把事情做成，到时候大家人人都是老板。同时他也强调，离开公司的人是无法把股份带走的，所以最好的出路，就是和林校长一起努力奋斗。对于陈染的"画饼"，机构里的老油条们将信将疑，不过这确实成了他们平淡生活中少数可期的东西，难眠之夜中可供寄托愿景的小欢喜。

陈染的个人演讲结束后，他又花重金请来自己大学时的两位校友做了两次演讲。据说这两位大牛如今在美国的常青藤大学担任客座教授，回国做一次演讲，出场费一般在百万上下。可冲着陈染的面子，他们开出了低到尘埃里的友情价——20万元，钱是陈染替他们去财务那里代领的。两人一到机构，就引起了机构上下所有人的驻足围观。可乍看之下，他们和陈染请来的管理者，貌似差别不大，一样的穿着时髦，举止得体，喜欢在中文里夹杂英文。等他们开始演讲，所有人都确信了他们彼此确实没有什么差别，尽管三人演讲的题目看似风马牛不相及，但只要一开口，说话的腔调甚至内容基本无差，显然是一条流水线上的教育制品。

大家听过演讲后普遍觉得这40万花得有点冤，可事实上陈染只带他们吃了两顿饭，做了一次按摩，然后又开车把他们送到了机场，送他们回到来时的地方——北京。钱花去了哪里，只有陈染清楚。

演讲告一段落之后，陈染做的第一件事是课堂形式变革。他做了一份详细的商业计划书，里面清晰地写着他的规划路径。如果把这份计划书凝练一下，大意就是：现在国内的大小教育培训机构，采用的都是最原始、最低效的授课模式，老师一个人在台上讲，底下一群人在那里低头做笔记。如果霜晗教育培训机构亦步亦趋，根本没有出头的可能，所以要另辟蹊径。陈染想到的办法是以西方国家为师，把课堂模式改为演讲式和研讨式，将主导者由老师变为学生。在每节课正式开始之前，学生会通过电子邮箱或微信群得到一份课程纲要。纲要中包含预习内容、上课时要讨论的主题及内容、计分方式、课后作业以及作业提交时间等各项内容。学生需要按照纲要指示做好预习，并整理出一份简洁的发言稿。在正式上课之后，老师会把学生随机分组，然后以组为单位对当堂课的内容进行讨论，之后再选派一名代表上台做演讲发言。其他组的成员和老师会就他的演讲表现给出得分。为了保证人人都有参与感，陈染还硬性规定：每个人在四个课时以内都要有一次上台表现的机会。而老师呢，除了扮演"打分员"的角色以外，唯一的工作就是在各组发完言之后做总结性发言。

有老师对陈染的改革提出质疑，认为硬性变革课堂模式，可能会招致一些家长的反对。陈染听了不屑一顾地说："那群土老帽懂什么，自己家的孩子在国内能享受到美式教育，他们应该感谢祖上积德。"此言一出，公司上下哗然，这是陈染第一次在他人面前失态，后来他愈发小心，生怕自己的言行不符合"海归精英"的形象，授人以柄。

课堂形式变革试行两个月之后，机构中大部分学员的积极性确实有所提高，原本死水一般的课堂氛围也渐渐显出生机。可与之相称的是，好多学生的卷面成绩却尴尬地止步不前，甚至出现了一定的退步迹象。这显然违背了学员提分的诉求，于是在一众学生和家长的要求下，课程变革最后被迫终止。"海归"陈染，在新官上任后第一次出现了水土不服的情况，不过他的"变革"可不止于此。

为了提高讲师们的授课水平，陈染也想出了一条"妙计"。他没有像过去那样要求学科组长随机抽查，而是命令讲师们互查。上课时间岔开的老师，两两结组，互相去对方的课上旁听，然后给出相应的分数。他认为大家彼此都是竞争者，绝不会手下留情。可在中国这个人情社会，他臆想的绝对公正的场景根本就不会发生，大家碍于情面，都会给一个看得过去的分数，甚至有相当多的组合，提前串通好，都给对方打满分了事。一周之内，机构里涌现了几十位"满分讲师"，气得陈染在下班之后偷偷骂娘。

陈染也曾试图将自己的教育理念传达给家长，他认为只要家长们坐下来听他讲上半个小时，自然会被勾魂摄魄，拜倒在他的无双口才之下，这一点，他过去已经证明过无数次。他找来市场部的主管，说想要做一次全城规模的演讲，可对方觉得预算过高，而且估计有关部门不会同意审批，所以建议他先给现在机构中学员的家长做一次演讲，试看一下反响。陈染觉得这样也好，先把内部敦实，再去外部扫荡。于是，以"e-Learning"为主题的演讲再一次被搬上台前，机构中的教职工又看了一次回放，家长们则仿佛看了一部后现代电影——看着蛮有意思，可全然不解其意。或者说，他们压根不关心陈染讲的东西，"线上培训、线下培训、互联网+培训、移动培训，这些和自己有什么关系呢？自己花钱是让孩子来提分的，根本不在意机构用什么手段，如果电击能打通孩子学习的任督二脉，那也不妨一试。"这是大多数家长的想法。所以生平第一遭，陈染的演讲没有收获潮水般的掌声，大家只觉得他有些莫名其妙，耽误自己的时间。有位东北籍的大哥还说了一句很直接的话："整那花里胡哨的干啥呀，老老实实上课就得了。"这次演讲没有对陈染造成打击，他只觉得气愤，自己包的好饺子，最后喂了猪。演讲结束后多位家长围上来问他问题，"校长，俺家娃来你这儿两个月了，成绩不见提高，咋回事？""校长，我儿子女儿都在你这儿上课，我侄子再过来，能给优惠吗？""校长……"，他们提的问题，陈染一个都不想回答，他只嫌他们聒噪，想要立刻离开。

在这之后，陈染还有多个自以为高明的"妙招"，但不是缺乏执行的可能性，就是因为执行不力被迫搁置。这时他得罪一线讲师的后果逐渐显现：所有政策的成功，都要有人配合方能执行，可他在机构里的帮手，只有自己聘来那几个人，其余老师大多走走过场，然后下班接娃。恼羞成怒的陈染曾多次和人事扬言，要解雇消极怠工的讲师，可人事和他都清楚，法不责众，他只能过过嘴瘾罢了。

来机构半年之后，讲师们在私下里讨论陈染的业绩，发现他做得最出彩的工作，居然是清洗管理层和淘汰功勋讲师。这如何能服众？于是机构中质疑声四起，陈染也有些慌神。退居幕后的林霜自始至终注视着机构的变化，财报显示，陈染大刀阔斧式的改革并没有对机构造成实质性的损伤，财务部支出的那些钱，还不至于伤筋动骨。林霜觉得陈染肚子里是有货的，此时他要做的，是把演讲里的内容变成现实，那才是他最擅长的。而且既然人是自己选的，当然要力挺他到底。所以在军心飘摇之际，林霜适时地露了一次脸，表示从下个月起，机构上下将全力配合陈染搭建线上平台。

被老板力挺的陈染此时心里却泛起涟漪，这是三年前他从美国回来后，任职的第四家教育机构。此前的三家老板对他不够信任，处处设防，他无所作为，于是辞职。林霜对他不薄，可他并不觉得在这家不大不小的机构里，自己真能做成什么事，机构不是自己的，没必要为之耗费青春。最主要的是，得让自己的账户余额变多，否则岂不是虚掷年华？可那该死的激励合同已经签订，自己得想点儿别的办法，绝不能白忙一场……

8

在林霜提出要搭建在线教育平台的当晚，陈染打电话把林霜约了出来。他忧心忡忡地向林霜表示，平台现在还无法搭建，林霜忙问原因。"这一来，在线教育平台特别烧钱，机构现有的资金无法维系；二来，机构的受众范围还不够广，学员基数还不够多，这样无法保证平台的用户量，只能一赔到底。"林霜知道他有办法，就顺水推舟地问道："那可有法子能解？""我脑子里现在已经有一个方案了，只是不知道是否可行？""但说无妨。""我觉得我们可以尝试着拉第一笔融资，然后把融来的钱投进平台，机构账上的钱则用来扩建，这样线上平台的搭建和线下的扩张同时进行，既不会错过在线教育的风口，又能保证用户量。""机构扩建是早晚的事，无论有没有投资都会去做，平台的事，当然也是越早越好，可是……""您放心，拉投资的事由我负责，我认识好多投资机构的朋友，几千万的数额还不是问题。"林霜盯着眼前这位比自己小将近二十岁的年轻人，心头一时涌上嫉妒的情绪。有些人生来就拥有一切，可惜自己不是那种人。

第二天，两人兵分两路，忙起了各自的事。陈染打了几个电话，然后就匆匆飞去了北京。林霜也打了几个电话，打给搞房地产的朋友，选场地、找装修队。比起陈染，林霜的工作进度要顺畅得多，这也正常，当时林霜所在城市的楼盘就已然供大于求，只要钱包够鼓，不怕找不到称心的地方。陈染却是去求人的，当今世道，登月都要比求人帮忙容易得多。

不到一周的时间，林霜就选好了一层楼，他打算把这里租下来，再装修一处教学中心。陈染则从北京飞到了另一座城市，他打电话给林霜说，北京的投资方要求自己和他们签订对赌协议，被自己拒绝了。林霜则鼓励他不要气馁，那时他所能做的，也只有鼓励了。

建教学中心的事林霜没有告诉刘晗，因为他知道那意味着又一次没完没了的口角之争，"家里的事儿那么多，还是不要让她分心了。"他这样说服自己。两天之后，教学中心开始动工，钱以肉眼可见的速度变成了油漆和白灰，不到一周的时间，就投进去了将近两百万，而这还只是初步阶段。林霜觉得有点肉疼，但也只好咬着牙继续出血，根据他的预算，整座教学中心装修完毕，大概需要近三千万的支出，这几乎是机构账上所有的现金。

项目推进的同时，陈染那边也带来了好消息，他在上海找到了可靠的投资者，对方同意出资3000万，无须签订对赌协议，但要求占股15%。林霜觉得占股偏高，就让陈染和他们继续谈，双方反复拉锯，最终把占股比重定在了13%，这是对方所能接受的底线，林霜也点头同意。

拿到钱的陈染火速飞回，开始搭建机构的在线教育平台。他在各个招聘平台上开出远高于业内平均价位的薪资，很快就招来了一大批程序员、美工和销售，这些人整天围在一起漫谈，为平台的搭建出谋划策。起初林霜也会来旁听，但那些所谓的"技术大神"连看都不看他一眼，只自顾自地和陈染聊。他自讨没趣，又实在听不懂他们在聊什么，就继续当"监工"去了。

两个月之后，教学中心开始精装修，可陈染那边还只停留在筹划阶段，且金钱的流失速度一点都不比装修这边慢，花钱如流水。林霜来问进度，陈染解释说，"搞编程最重要的是设计思路，思路一出，代码随便找个计算机专业的大学生都能写出来，至于支出偏高，是因为自己找的这拨人都是互联网行业最好的软件工程师。"连没好意思问的问题都被给出答案，林霜无话可说。

时间继续向前翻滚近三个月，教学中心的装修进度接近尾声，陈染那边也终于开始上手，林霜看不懂他们在干什么，只见每个人的手指在键盘上飞快地跳动，敲击出一串串英文、数字加符号的奇怪组合。而且果然如陈染所说，重要的是设想阶段，编程是单纯的技术工作，推进很快。几天后林霜来看，平台的中小学学科辅导、职业教育、英语口语一对一等板块已基本搭建完成，林霜看着上面"霜晗教育培训机构"几个大字，激动得良久说不出话。

又过了一个月的时间，教学中心开始引流，零星的用户开始在上面活跃。机构的当务之急，变成了招讲师和招学生。陈染这一次又自告奋勇地提出老师由他来想办法，被林霜婉拒，"机构已经承担不起大额支出了，以后的每一笔钱都要使在刀刃上。"所以他直接在本地托朋友找来二十名老师，"物美价廉"为宜。

如果说老师的问题还能用钱解决的话，招生一事则像哥德巴赫猜想中的"1+1"一样近似无解，林霜相继投了几笔钱叫市场去做地推，叫公关去做活动，但效果并不显著，学员仍旧是断断续续地来，来的人貌似也和他们的"宣传攻势"无关。这时林霜突然想到创业之初的场景——投入的成本不低，但回本极慢，开始盈利，已经是在两年之后了。线下教育的资金回流速度之慢，林霜一清二楚，此前他被心中宏伟的愿景蒙住了双眼，此时终于感觉到了寒意。但今时不同往日，自己不能再等另一个两年了！

在他心烦意乱之际，陈染适时地递上来一个"别开生面"的建议：可以利用搜索引擎和社交平台获客，利用网络这一蔓延至世界各处的工具招生。林霜觉得这不失为一种办法，问题是他对这件事一窍不通，于是就只好交给陈染去做。陈染把第一笔融资剩下的钱一股脑地砸了进去，打广告、买流量、和竞争对手争排位……可直到把融资余额烧完，线上学员数也没有明显增长的迹象。陈染向林霜解释说："前期用户转化率低是正常的，因为投入还没有形成规模，想要破局，就要继续投钱。"

9

　　走到这一步，林霜逐渐心灰意懒，可如果此时停步，此前的几千万岂不是打了水漂？于是林霜就开始从自己的账户上拿钱叫陈染加大获客投入。银行的短信发到刘晗那里，她顿觉大事不妙，找来林霜当面对质。事已至此，林霜觉得也没有再瞒下去的必要，就把融资、扩建、线上平台这些事和盘托出，刘晗边听边哭，听到最后，眼泪鼻涕一起挂在了脸上。林霜不知如何安慰妻子，就在一旁安静地啜泣。这对夫妻二重奏不知上演了多久，等刘晗冷静下来，眼睛早已哭肿，她没有开口骂林霜，脱口而出的第一句话是："要么离婚，要么让陈染走人。"林霜最后选择了家庭的完整。

　　陈染的离开，让除了林霜之外的所有人都如释重负。林霜为表歉意，特意赶到机场为陈染和他的团队送行，陈染露出一副依依不舍的神色，心里却只想尽快离开这个是非之地。尽管没有拿到激励制合同里的相关奖励，但一年左右的时间里，他却已经赚得盆钵满盈，他是怎么做到的，林霜夫妇自然不知情。

　　陈染走后，刘晗正式回归到机构之中，她和林霜与剩下的管理层一起，召开了一次会议，议题是——今后机构该何去何从。最后他们一致认为，新建的教学中心，以霜晗教育培训机构目前的处境，短期内根本负担不起，卖掉是唯一可行的出路。想维持机构过去的规模也不太现实，仅是物业费一项，就足以让他们身心俱疲，所以裁员并且适当地砍去一些利润不高的业务在所难免。此时林霜恍然意识到，陈染操盘机构的一年时间，留下的唯一"成果"，就是把机构打回几年前的样子。

　　陈染带头搞的在线平台，机构里没人懂，刘晗花钱请人来看，对方撇了撇嘴，"这哪是什么平台啊？就是一个网页而已，好多功能都不具备，里面的活跃用户，明显是雇来的水军。"一道晴天霹雳落在林霜的头上，他瘫坐在椅子上，空洞的目光中夹杂着不相信。刘晗却仿佛觉出了什么，她找到财务部，让他们把机构中近一年的收支全部打印出来，拿给自己看。之后他们坐在一起，一项一项地比照，最终发现有近三百万的支出去向不明。刘晗当即便报了警。

　　警察上门的时候，陈染正在跟另一位教育培训机构的校长洽谈，彼时对方正在被他的风姿所迷，准备聘请他去做自家机构的常务校长，他的"狩猎"之旅，仍在继续。到了警察局，陈染过去引以为傲的"精英气质"不见了，他变得战战兢兢，唯唯诺诺，就像一个被继母打怕了的小孩儿。过往一顺百顺的履历让他经不起风浪，警方稍一施压，他便将罪行和盘托出。

　　后来林霜才知道，在霜晗教育培训机构近一年的时间里，陈染利用自己对他的信任，多次滥用职权，中饱私囊。他请的所谓"国际精英"，大多不过是英语老师而已，他们的话术都是陈染教的，专为唬人之用，陈染交到他们手里的钱，也并没有名义上那么多，其中的"大头儿"，都被他这个中间商赚了差价。陈染捞得最狠的一笔，是融资里的钱，这笔钱确实一部分付给了程序员和美工，一部分用于线上引流，但陈染嗅出无法成事的迹象后，后续投入的钱，好多都进了他自己的口袋，包括林霜后来自掏腰包的钱，几乎是原封不动地进了陈染的腰包。他对机构的前途毫无兴趣，他对自己的账户余额无比在意。

　　当警方把上述消息告诉林霜夫妇时，刘晗安慰地拍了拍林霜的肩膀，但留在林霜心里的阴影，却终生挥之不去。以后他再没动过将机构职业化的念头，机构在他们夫妻二人的精细化经营下，营收算是稳定，却再也没能再现往日的荣光。

陪伴陈染的是铁窗和高墙，在狱中，他没能改掉过去的毛病，总是想要向狱友炫耀自己的"留美经历""海归身份"，一开口也总是新概念和新名词，可这里没人对这些东西感兴趣，一个露骨的黄段子，都比他的说辞更能引爆全场氛围。此后几年，他每日都与这种曲高和寡的孤苦相伴。而他入狱的这一年，是2014年，被好多人视为在线教育兴起的元年。

10

近些年职业经理人的名声渐坏，有主见的教育机构的校长大多已经意识到这一群体身上的局限性，过去迷信式的崇拜基本荡然无存。不过例外总是有的，林霜即是一例。他的机构后来面临的窘境，当然与陈染的"行骗"脱不了干系，但他本人也难辞其咎。

陈染身上附带的光环确实很有迷惑性，但他最终之所以能渗透进机构，甚至取代刘晗，根本原因在于林霜对机构"夫妻店"的经营模式的不信任，尽管这种模式自始至终都没有导致严重的问题，但林霜却偏执地认为：夫妻店即代表不科学，而职业经理人则象征职业化。所以就算没有陈染，也会有李染、王染、刘染……只要偏见还在，潜在的危机就不会消失。

一个人是无法形成偏见的，偏见是一种集体行为。和林霜持有同样观点者大有人在。我无意去评判他们对或不对，那会形成另一种偏见。但一个不容忽视的事实是，职业经理人在业务上或许足够专业，但他们中的大多数人，无疑缺乏与公司荣辱与共的担当。顺境邀功，逆境逃亡是常态，似陈染这般置公司于不顾，一心捞钱的人也不在少数。

所以职业经理人无法成为一家公司的顶梁柱，企业的核心永远只能是老板自己。前者可以扮演好一个辅助者和执行者，但如果他们越俎代庖，成为决策者，势必生乱，请诸位听之慎之，以林霜为戒。

三、当小人物遇上"大"机构

——成功是意外之喜，失败是命中注定

1

关于人类之起源，至今仍没有一个确切的说法。诸多说法不一而足，但都向极擅长自我抚慰的人类传达出了一个残忍的真相，即我们的起点很渺小，能聚集在地球村纯属出于神迹或是"阴差阳错"。这是科学和神学少有的口径一致，在对人这一物种上。

从大宇宙观上来看，众生皆蝼蚁，看似无际的地球不过是其中的一粒灰，所以我们并非契诃夫口中的"套子里的人"，而是实实在在的灰堆中的人。如果《三体》中描绘的浩渺宇宙是真实的，在更高的维度上存在着其他智慧生命体，用一粒种子或是一张薄片就能让我们命如死灰。那么我们在他们面前，就是更低级的蝼蚁，轻而易举就能被对方碾死。但在低级蝼蚁这一族群中，也有一条长长的生物链，这根链条上，栖居着芸芸众生。

众生平等，这不只是一句常提及的话，也是生理学上的真理。然而平等之下，一个不可逆的现实是，每个人都有最适合自己待的位置，有人居于庙堂，有人居于村舍，有人潜藏在幽深的小巷，有人穿行于康庄大道。看似固化，实则是命运引流的结果。一旦有人处在本不属于他的位置，便会遭受惩戒，覆水难收……

2

某人在追忆青春时曾说，"再多各自牛气的时光，也比不上以往的疯狂岁月。"刘强说不出这样内涵深厚的话，但他真真切切地疯狂过，而且一疯就是近三十年。

刘强出生于一个残破的家庭，他的父亲比我等庸碌众生更庸碌，没有着笔的必要。成年后的刘强倒是特点鲜明，如果大家看过王宝强主演的《Hello!树先生》，那么你在看到刘强时，肯定会忍不住叫一声树哥。我怀疑这部电影的编剧曾在某年某月的某一天，在某个县级市穿街过巷时匆匆瞥过刘强一眼，就是这惊鸿一面，催生了一个经典的荧幕形象。刘强和树有着一样乱如蓬草的头发，一样销魂的抽烟姿态，一样目空一切的眼神，一样狂放而嚣张的走路姿势。他们的不同点是，树没有因为抽烟太销魂被打过，而刘强有。

"富不过三代"在某个历史时期可能近乎事实，但今天仅是韩国财阀就已经证明了此言大谬，除非有革命性的颠覆出现，否则有些家族就是能做到"生生世世富"。而穷不过三代，则一直被证明是个谎言，刘强家就是例证。刘强的曾祖父是贫农，刘强的祖父是贫农，所以到刘强他爹这辈儿划分成分时，他们家红得像阳光下的琉璃瓦。这位单纯的父亲自觉受到官方认可，下定决心把贫穷这一可贵品质坚持下去，自始至终，他都做到了，连续十年，贫穷程度在全市遥遥领先。

因为赤贫的家境，刘强三十岁还没有结婚，急坏了他的老爹老娘，虽然他们家没有皇位等人继承，也没有芳香四溢的香菜地待人接手，但他们危机意识不减，生怕刘家根红苗正的香火被拦腰折断。所以没人来踏破他家的门槛，刘强的老娘就主动去踏别人家的门槛，这个神情刚毅的女子，几年被拒绝的次数，可以拍成电影——《第999次提亲》。最后，她泪也干了，心也倦了，对刘强失望了，索性不再折腾了。她愤愤地对刘强的老爹说，不行咱再生一个，对方看到她下垂到几乎坠地的胸部，假装没听见。

对于打光棍这事儿，刘强看得比较开通，不过原因不是他有"大丈夫何患无妻"的高远心境，也不是他洞明世事，看穿了婚姻就是经济活动的本质。当然，他也没有人穷气短，在被心爱的姑娘拒绝之后心灰意懒，决定从此与爱断舍离。他对结婚兴致缺缺，单纯是因为自己还没玩儿够。在那个年代，美国青年"make love, not war"，中国青年"no money，but浪"，刘强就是赤贫的情场浪子，他有一群闲来无事，整天在街上乱窜的小伙伴，个个是随时准备放飞理想的有志青年，他们的理想，就是歌词里唱的"一生放纵不羁爱自由"。可惜自由诚可贵，香火价更高。随着时间的推移，这支队伍中的大部分成员都被磨平尖牙，被拽回家娶妻生子。当然，生子的过程是他们自己主导的，但生下来的娃他们又不想养。但不管怎样，这支队伍的规模日渐缩小。刘强在三十岁那年，成了彻彻底底的孤家寡人，这让他感觉自己遭到了背叛。不过最让他心伤的是，因为年龄渐长，自己身上的潇洒气质日减，有一次他去搭讪一位二八年华的姑娘，对方居然叫他回去哄孙子，别出来丢人。"世道变了啊。"刘强绝望地说。于是，在而立之年，他也想安定了。

作为一个经验丰富的情场浪子，刘强觉得相亲这事太跌份了，他要自食其力。鱼找鱼，虾找虾，恐龙专找癞蛤蟆。在三十岁的尾巴，他遇上了自己的妻子。听人说刘强的妻子曾有过一段不堪的过往，但刘强大度地挥挥手，表示不在意，用《霸王别姬》里的台词说就是，"都是下九流，谁嫌弃谁呀？"于是二人从此生活在了一起，第二年春季，万物复苏的时节，独子刘超和春风一道来到人间。

3

娶妻生子后，刘强在某些方面收敛了不少，比如他痛感芳华已逝，已经很少再去街上闲逛了。可另一方面，其他一些"别致"的嗜好开始孵育成型。这时他的常规活动，变成了没日没夜地打牌和聚众饮酒，"街头游击战"变成了"坐地攻坚战"。

刘强的父母继续唉声叹气，无可奈何，在本该退休的年纪俩人东奔西跑地替人家打零工，来养活自己制造出来的"活冤家"。刘强的妻子刘梅则完全无法忍受丈夫这副德行，没结婚之前，刘强给她留下的印象是懒散却聪明，豪放且仗义。就像小时候班里的那些"坏孩子"，不是学不好，是压根和学习八字不合，看不上书本里那些文绉绉的玩意儿，一旦他们用点心，老师和同学都会被吓一跳。这类学生的人缘一般也很好，去趟厕所都能带出一个排的人，如果把他们手中的香烟换成诗集，妥妥一兰亭集会。也就是说，刘强给她的感觉是亟待开发的潜力股，而她有信心自己充当催化剂。但这个不争气的刘强，把上进心完全赋予在牌桌和酒桌上了，拳头大的心脏连芝麻大的正事儿都没装。他朋友是多，喝个小酒都能摆个四五桌，酒过三巡，光喝趴下的就得有小二十人。但这对过日子一点帮助没有啊，酒肉朋友，本就只会在酒桌上才起作用。

刘梅在不堪回首的那几年中，积累下了一点资本，她要刘强拿着这笔钱干点小买卖。没承想刘强压根没有兴趣，用他的话说，"那仨瓜俩枣的，还值得自己费心劳神？"刘梅再劝，他就开始装糊涂或者给刘梅讲道理，"圣人都说了，君子固穷，挣钱的那都是小人。"气得刘梅直翻白眼儿。

　　不过刘强对孩子很好，在他身上倾注了前所未有的柔情，没事的时候喜欢抱着他从头亲到脚，"这小子长得真像我，是咱老刘家的种。"言谈略俗但情感真挚。

4

　　李白是酒中仙，刘强是酒中瘪三。没喝酒的时候，他虽然不着调，但接触的人多了，在实践中把握了人情往来的一鳞半爪，颇晓见风使舵之道，深明见人说人话，见鬼说鬼话的道理。但酒入肚肠，刘强这个人就变了样，他嘴里的人话也少见了。这种人在东北叫酒懵子，是大的酒局必不可少的那类人，人们可以没有毛豆和花生，但少了他喝醉时嘴里说的那些惊世之语，喝酒的乐趣也就至少没了一半儿。这也是刘强酒友多的原因之一，在他们那个圈子里，喝酒或是轮番请，或是AA，但刘强从来只出一张嘴。不过大家不在意，只要他在酒肉穿肠过之后，开始自己的吹嘘表演，他那一份钱，大伙心甘情愿替他出。在喝到尽兴时，刘强曾经吹嘘过自己往中学校长的茶杯里撒过尿，等等。这些事或真或假，半真半假，但没人在意事情的真实性，只要刘强搭台唱戏，自有百十看客围观叫好。

　　对于自己的丑态，刘强是知道的，但他寻思，人生也无非就是笑笑别人，再被别人笑笑罢了，很多事没必要太在意。自己有好多朋友，一门心思地和生活玩命，结果日子反而越过越糟，所以这种事压根没处说理去。越是在意，越是失去，完全不在意，也就无从失去。自己这辈子就这样了，吃吃喝喝、浑浑噩噩，能喝酒吃肉的时候就放开肚子，吹牛还有人愿意听的时候就多吹几句，至于明天，谁知道会不会有明天呢？所以他的人生规划也很简单明了，先混个几年，等孩子到上学的年纪，开始玩命干，供他读个好大学，完了。对了，刘强本人是在初三那年辍学的，当时老师劝他参加完中考之后再步入社会，但他觉得初中文凭没个球用，而且初三要交的试卷费也太多了，还不如把钱省下来买烟抽。于是他的读书生涯，因为一个荒诞的理由就此结束。

刘强的命运轨迹是在阴差阳错中开始改变的。刘梅嫁过来之后，带过来一笔钱，最开始刘强有用它胡吃海喝的念头，但刘梅的一句"钱是留给儿子读书用的"，他的不轨念头立刻就消失了。结婚三年之后，儿子开始满地跑，家里的钱花光了，刘梅那笔钱开始不断向外支出。刘强眼见着钱越来越少，甚至可能支撑不到孩子上学那天，开始有点心焦，生平第一次，他有了主动赚钱的念头。许是上苍有意拯救一个被爱感化的浪子，这一年，刘梅他们村拆迁了，她家的三间破草房外加几亩地，获得了四十多万的拆迁款。刘梅家就只有她这一个孩子，父母的选择也就只剩一个——把钱给女儿女婿，让他们给自己养老送终。

生平第一次，在岳父岳母踏进家门时，刘强主动笑脸相迎，外加无微不至的嘘寒问暖，"这一对老家伙，除了能给我送媳妇，还能给我送钱，还是有点用的嘛。"这是刘强当时的想法，而他脱口而出的话是："你们累坏了吧，来，把行李给我，以后这就是你们二老自己的家，完全不用生分。"钱是好东西，它能让人更有人情味儿。利益关系是普天之下最纯洁的关系，纯洁到哪怕关系破裂，也不会有人用你伤了我的心做借口。

从天而降的横财，让刘强有点儿飘飘然，他头脑中有一揽子计划。起初的计划是，大宴亲朋，先用慷慨激昂的语气讲述自己把吹牛变成现实的过程，再用平和的语气传递自己的观念，"虽然哥哥有钱了，和过去不一样了，但我们的感情一点儿没变，以后有什么事儿，随时来找我。"可惜他的计划还未实施就先流产了，那几十万人民币，刘梅压根不让他经手。为这，他商量过闹过骂过，但人家就是不说银行卡的密码。他能怎么办，严刑逼供？动手打人？孩子可是被刘梅抱在怀里呢！

心里苦闷的刘强酒越喝越多，当然，现在大伙还能容忍他腆个脸去蹭酒局，不过目的已非看他表演吹牛绝活，而是为他出谋划策，教他如何把钱从媳妇的手里抠出来，可惜主意出了一箩筐，没一条顶用的。于是继续喝，继续苦闷，继续出主意。

2004年的一天，刘强的初中同学张权回到县里。这不稀奇，古往今来，从来不乏少小离家老大回的故事，但多数人只能落得个"老友相见不相识"，笑问"啥时候回来的，也不打声招呼"的回应。张权不一样，他是他们那个"不肖群体"中唯一读完大学的人，毕业后他直接留在了当地工作，与大家已是多年未见。但童年时的友谊，从来就不会因时间而褪色，尤其是在一方飞黄腾达的情况下。张权数年未归，但传闻不少，有人说他大学时期被一富家女看上，直接入赘到了对方家里，虽说婚后有些受气，但日子相当滋润；有人说张权何止是大学生啊，人家直接读到了硕士，毕业后是被某世界五百强企业派专车拉走的；还有人说张权毕业后自主创业，在千禧年，就已经身家几十万。总之传闻不一，但都把张权与"非富即贵"联系到了一起。

上学那会儿，刘强和张权关系最好，刘强也一向很服张权，那时候大家都在一块儿混，抽烟、喝酒、烫头样样不落，张权也没有在背地里偷偷学习，但人家就是"文能提笔考高分，武能翻墙上网吧"，刘强曾多次问过张权秘籍，只得到了一个暧昧难明的笑容。

因为关系在这儿，所以在请客张权这事儿上，刘强是最上心的，人还没回来，他牛先吹出去了，"权子回来我做东，到时候让他看看，哥几个混的不比他差。"吹完牛他当时就后悔了，钱从何来啊？但当他回家试探性地找刘梅商量时，刘梅很爽快地答应了，刘强一时间以为自己的听觉出了问题，他挖了挖耳朵，"你的话当真吗？"刘梅白了他一眼，"你的朋友要都是有出息的大学生，你天天喝我也不管。"喜得刘强当时差点从床上掉下去。

张权回来那天，刘强看到了一众多年未见的朋友，感谢张权，他让自己知道这些人尚在人间。接风洗尘的宴席定在全市最大的酒楼，酒楼老板也和刘强做过一段时间的同学，但不管是过去还是现在，他都有些看不起刘强，当然，这不妨碍他和刘强勾肩搭背、称兄道弟。身为客人的张权坐在正席，一左一右坐在他身侧的是酒楼老板和新兴暴发户刘强。如果没有张权，这次聚会铁定会成为侃山大会，互相吹一通牛，心里鄙视对方几回，喝吐几个，然后各回各家，一睡了事。但有张权这个"文化人"在场，大家都不太敢造次，都在屏息等他说第一句话。于是，在张权的主导下，大家温情脉脉地回忆起了自己的初中生涯，其间被提及次数最多的名字，就是刘强。刘强很受触动，双眼潮湿，一口一口地喝着酒，不怎么说话。自始至终，大家都在等张权夸耀一下自己的功绩。但张权连一丝意思都没有，只在那里回忆他和刘强的青春年华，听得邻桌几个人直打哈欠。自己的故事反复咀嚼都会觉得腻歪，何况是别人的？不知何时，宴会在沉闷的氛围中沉闷地散去。莫说喝吐的人，连喝醉的人都没有，大家只是有些困而已。

第二天张权找到刘强，说起自己有意和他合伙创业的事儿，刘梅在一旁饶有兴致地听着。这时刘强才知道，张权在聚会上并非有意谦虚，而是此时的他真的没了炫耀的资本。毕业后的张权办起了培训机构，狠赚了一笔，但赚钱是积累，散钱则如流水，几次炒股失败，让他连本带利赔了进去，老婆也和他离了。张权这次回乡是为祭祖，他本来准备很快回去东山再起的，那边已经有多位老板表示愿意给自己投资。不过张权回乡后，听闻自己最好的朋友刘强最近刚发了笔小财，于是他想，与其便宜别人，不如他们哥俩一起发财，岂不快哉？所以他就来找刘强了。刘强听了他的叙事经过，有些受宠若惊。在他的意识里，他和张权根本就不是一个层次的人，这次张权屈尊来找他，自己有些意外。不过张权的弦外之音他也听出来了，敢情张权此时就是个穷鬼，到他这里讨钱来了。发财时把自己抛到九霄云外，落魄了就来找自己帮忙周旋——这就是朋友。刘强顿时觉得张权昨晚的真情流露有点恶心，但明面上又不好发作，于是就只好先把他打发走，说需要和刘梅商量一下。

张权前脚走出屋子，刘强后脚就开始骂街，他的话很粗俗，但思想很深刻。大意是，中国的知识分子从古至今都很无耻，睡完娘们不想负责，就开始扯一些"大丈夫当不堕凌云之志"的便宜话；坑完朋友想为自己开脱，就说"没有永恒的友谊，只有永久的利益"，那当初称兄道弟那孙子是谁呢？刘梅则自始至终都很冷静，待刘强情绪稳定之后，她很认真地说，"我觉得你该和张权一起干。"这一次，刘强不只怀疑自己的听觉出了问题，他觉得自己还没醒酒。刘梅接下来补充道，"要不然这笔钱你打算怎么办呢，存银行里吃利息?"经济基础决定上层建筑，钱在刘梅手里，她的话刘强不得不认真考虑。

第二天张权又来了，为了表示自己的诚意，他再一次做出了"让步"——学校实行合伙人制，不过合伙的不是他和刘强，而是刘强和刘梅，机构营业执照上写的是他们夫妻两人的名字，归他们夫妻所有。而自己呢，则和其他老师一样，是刘强和刘梅手底下的打工仔，每个月领固定工资，看绩效拿奖金，如果刘强夫妇觉得他的活儿办得不地道，可以一分钱奖金都不给自己。这套说辞最终打动了刘梅。

说服刘强的工作，张权是在私下里进行的。某天他约刘强出去喝酒，先是夸刘强的儿子刘超长得好，脑瓜聪明，再夸刘梅人贤惠，懂得持家，随之很直接地对这个幸福的三口之家表示了艳羡，想想自己孤身一人，真是人比人气死人。这一席话说完，刘强心里的话也憋不住了，"你嫂子人是不错，就是把钱看得太严了点儿。孩子都有了，还这么不放心我，我有那么不靠谱吗?"张权见状，直接把话递上，"我也听说了，那笔钱嫂子根本不让你碰，可以后就不一样了，你们如果办了培训机构，钱都是花在正道上，嫂子肯定不会再横加阻拦了。"张权的一席话，让刘强如梦初醒。回家之后，他开始主动和刘梅商量办培训班的事儿。刘梅想既然丈夫也同意，就在第二天把张权叫来，把这事儿敲定了。

5

一场风风火火的创业就这么开始了，教育培训老油条加职场新人的组合，初见就像美女与野兽，白雪公主搭小矮人，怎么看都不合时宜，但奇迹往往创生于错落之中，常规之外……

根据张权的建议，如果想成事，还是要搞自己的老本行——教育培训。一来自己对这个行业够熟，闭着眼睛都不会走错路；二来在这个县级市，教育培训有一个相当大的市场缺口，尽管城中大大小小的补习班，可能有十几个，但根本构不成规模，形不成竞争力，一旦他们开始干，相信很轻松就能做到横扫六合。刘梅闻言，似懂非懂地点了点头，刘强也附和地表示赞许。

为了能在一开始就大踏步前进，张权决定先带着刘强刺探敌情。他带着刘强在城里四处转，串遍了城中各色的培训机构。他打出的名号是收购，实则是在窥探，窥探培训班老板的性格、培训班的规模、培训班的主营业务等方方面面，在培训行当浸淫十年的他似蛔虫一般，深深地钻进了日后这些竞争对手的肠胃里，吸取他们的信息和营养。

似乾隆下江南一般浏览过一圈风景之后，张权大体了解了这座城市的教育培训生态。城中大大小小的教育培训机构共有三十多家，有十家左右是不会对他们构成直接竞争威胁的艺术培训。另外还有近二十家不过是个人开的小作坊，辐射范围不会超过方圆那几公里，不值一提。年利润在几十万的不过那几家，突破百万大关的更是只有两家而已，这两家就是张权的假想敌，日后追赶的目标和超越的对手。

这些是浮在表面上的现实，人人都看得到，但作为一名资深的教育培训人员，张权自是能见他人所未见。在他"刺探情报"的过程中，他发觉这些培训机构，无论是大是小，其实都缺少自己的特色和绝活儿，同质化现象极为严重，包括那两家最大的所谓"加盟机构"。这两家机构是某国内知名品牌的分校，于四五年前入驻此地，初来乍到之际，以风风火火的姿态令万千家长耳目一新。彼时的教育培训在这座城市还是个"专营业务"，因为师资力量有限，他们只能在某个领域奋力开掘，有的机构专门辅导高中的语数外课程，有的机构把目光聚焦到了初中家长的钱包上，有的机构则深情款款地喊出口号——一切为了小学生，而隐在口中的"的钱"两个字他们只在私下讨论过。这两家机构则带来了一座矿藏，"刀枪剑戟、斧钺钩叉"无所不通，直接把小学、初中和高中的系列辅导课程包圆儿，为学生和家长提供一条龙的服务，加之他们的师资配备、教育基础设施以及宣传力度在全城领先，所以很快就成为城中教育培训行业里两家并驾齐驱的"寡头"。可这时，其他规模尚可的机构立刻发扬了自己"复读机"的本质，他们也开始搞立体化的业务框架，虽然场面上不如两家寡头好看，但至少结束了自己单腿走路的局面，扔掉拐杖和轮椅，让单车变摩托。为这，据说那两家培训机构的老板骂了他们半年，主题是"论节操的迅速流失"，翻译成大白话就是——有的人为啥这么不要脸。

　　张权还发现，尽管这些机构明面上走的是全面发展、协同推进的路线，但其实各家最大的培训项目，还是英语培训，某些学部的个别业务根本不赚钱，全靠英语业务的帮扶，才能维持着表面的体面，这造成了英语市场的相对饱和，英语学员数量的增速堪比树懒的爬行速度。此外，这些机构的教学模式也都乏善可陈，教材是教材供应商给的，教学方法也是按照教材供应商的建议来的，毫无新意和特色。所谓大小机构的区别，不过是前者的排课量更多，课容量更大而已。基本看清了形势之后，张权心中的商业版图也大体绘制完毕。

相声泰斗马三立先生说"学我者生，像我者死"，城中的培训机构在相互倾轧的同时，亦在相互模仿和学习。稍大一些的机构凭借着资本优势，混成了割据一方的行业地头蛇，实力不济的机构则随着前者亦步亦趋，亦像孑孓般不断生灭。这让张权坚定了走自己的路，哪怕此路天寒地冻，路远马亡。

张权的创新主要体现在两个方面：一、更新授课模式。不像其他培训班那样开大班，上大课，只做"精英班"，每堂课只面向十个人、五个人、三个人甚至是一对一。二、变更授课方法。教材仍使用原来的配套教材，不过一改以往过度依赖教材的局面，把以往侧重在课本内容的讲解转移到突击考试重点上。也就是说，不带着学生"咿咿呀呀"地一遍遍读课文，毕竟课堂是为了考试服务的。在这种创新思维下，张权的市场和用户定位也就相对明确了——我们不想赚一门课几百块那仨瓜俩枣，我们的受众群体是肯为孩子的学习成绩出血的那些家长。

在这种意识的驱动下，整个培训班"精英化"的基调基本确定。张权的第一次出手是让刘强一口气租下十余间店铺，一间做运营的办公室，其余都作为教室使用。这些店铺面积不大，装修也不算精致，但够新，而且性价比颇高。张权请一批搞设计的人把空荡荡的教室装饰一"新"，里面最多的东西是书架、书和各路名人名言。学生看到这些东西自然会觉得是陈词滥调，缺乏创意，但家长的感觉则是——这是片只专注于学习的净土，是提高成绩的西方极乐世界。至于桌椅板凳，张权是向其中某家培训机构租借的，他是为了节约成本，对方则觉得与其让这些木头闲置落灰，还不如赚一笔外快来得实在，而且对方已经承诺若有损坏，就照价赔偿，何乐而不为呢？

找好场地的第二步是找老师，刘强说自己在本地人脉广，这事可以交给他来办。张权却认为，本市老师的能力是匹配不了自己的宏伟愿景的，所以他不厌其烦地打电话给自己以前的旧部，请他们来帮忙。他的话题，总是以叙旧作为开端，不过在大多数情况下，他很快就听出了对方的寥寥兴致，就差朝他嚷嚷，"张校长，我很忙的。"于是便只好转煽情为利诱，开出赤裸裸、高于行业平均价格的薪资待遇。同时他还许诺，只要对方去帮他，衣食住行通通由"公司"安排，他口中的公司，彼时其实刚拿下营业执照不久。于是，在他叙旧加利诱的双重攻势下，机构初代教师队伍的框架基本构建完毕，全都是张权的旧部和亲信。当然，这也让刘强第二次大出血，房租加预付工资，花去了他至少一半的拆迁款。所以日后在张权想要兑现给教师安排住处的承诺时，刘强使出浑身解数极力阻挠，但刘梅最后还是出了一部分钱，因为彼时她已经看到了成事的苗头。因为这件事，本就对刘强不甚重视的教师意见更大了，以后的日子里，他们明面上叫刘强刘校长，背地里却叫他刘公鸡——抠，张权用一个无须自己兑现的承诺，很轻易地就分裂了刘强和教师的关系。

粮草足备，将官俱在，只差吹起号角声，全员便要出征。张权吹起的号角一反常规，他没有跑到各个小学、初中、高中去发传单、做地推，而是策划了一起店铺开业式的宣传活动，这场活动的主题，基本可定义为"有节制的自吹"。从张权开始，炫耀自己的履历、培训能力、培训成果，而后诸位老师依葫芦画瓢，纷纷响应、附和，积聚气势与口碑。当然，他们的话虽然有夸大之嫌，但实质性的内容大抵是真实的。在这个县级市，他们无论是能力还是履历，确实都是独角兽般的存在。最后，张权做了一番总结性发言，他言之凿凿地表示，他们学校的师资力量是全市乃至周边几个省市最好的，他们的培训模式和培训方法是全市最科学先进的，他们只做一件事，那就是想方设法地帮孩子提分，如果没有效果，他们愿意全额退款。寥寥数语，就把那些财富与认知不成正比的家长哄得五迷三道，喜遇神仙。

自始至终，刘强和刘梅都在台下充当看客，刘梅兴致勃勃，举止像台下的女性家长一样难以自持，"等咱儿子长大了，就送到自家培训班。"期间她不止一次这样向刘强说道，刘强则有一声没一声地应答着。过去在人堆儿里，他都是表演的那个，现在叫他一动不动地看别人表演，实在有点为难他。不过他的那些粗陋故事，适合摆在酒桌，却难登大雅之堂，以他的文化水平，此时充当看客都未必够资格。因此，非不想为也，实不能为也，在教育培训这个领域，刘强自始至终只能置身事外。

第二天培训班正式成立，张权亲自带着老师们招生，他们面前贴着打印好的学部和学科，方便家长报名。出人意料地，中小学英语，仍是最火爆的那一款。起初张权考虑市场趋于饱和的现状，只想让英语打打辅助，但家长和学生对于英语的偏爱实在是让他始料未及，于是招生完毕后，他立刻打电话让朋友调来多位英语老师——又是他的老同事，当然，这是后话，此处按下不表。总的说来，各学部、各学科之间的招生速度是齐头并进的，招生效果喜人。

精明的张权把每门课分割为十小节，每节两小时时长，按照课堂的人数把课程的价格分别定为1000元、1400元、1800元和2200元，在当时，这可说是教育培训界的天价。但在狂热的家长面前，价钱只是虚无的，自家孩子将来是要考"清北复交"的，区区千把块，跟孩子的前途比算得了什么？这种思想背后，掩藏的既有憧憬，也有抚慰和推脱，孩子将来有出息固然好，没有出息，至少家长在物质层面尽力了，孩子可以怪政策、怪老师或是自责，却唯独怪不到自己头上。因而张权的成功，表面上看是在授课机制和授课形式上做出了先人一步的创新，实则是对准了人性。任何商业活动，本质上都是与人性的博弈。胜则胜，败则败。此战，张权胜了。

仅第一天，前来报班的家长就有上百名，此后三天，热度不减。但就像微博热搜被转瞬即忘一样，三天过后，人们的头脑又被其他的新鲜事物占据了，刘强教育培训机构的招生速度有所放缓。这时，张权又适时推出了免费试听三节课的活动，家长可在一边旁听。三节课过后，家长可以和学生一道，根据对授课效果的主观评定决定是否报名。此项政策一出，学员的报名热情又开始上扬。

为刺激报名的持续性，张权后来又出台了一系列优惠政策和激励措施，譬如法定假日报名可享八折优惠，组团报名可享7.8折优惠，推荐亲友同学报名可免费跟班，等等。他最富创举的激励制度自出机杼，是对已报班同学的鼓励，总的来说就是，只要某位同学在某段时间内持续表现出色，就会得到相应的升班奖励。譬如某位同学若连续三次在十人班里考第一名，学校就会把他安排到新开设的五人班中，费用不变。

一系列的刺激手段外加创新性的授课模式、授课方法，使得刘强教育培训机构在较长时间内维持了报名的热度，甚至几个月之后，还有三五成群的家长前来选课。在机构的招生渐趋稳定之后，张权对各学部各学科的报名人数做了一番汇总，发现共有九百名之多，后续还有学员不断补充到学生队伍中。一时间，刘梅有些疯狂了，那是几百万的学费啊，自己一手没伸就进入了"百万富翁"的行列，这一切都要得益于张权。所以自一开始，张权就在她心里立了一座神龛，获得了无限尊崇。

在招生的同时，张权也在不断对机构里的各个部门进行填充。不到一个月，人事、行政、财务、美工、市场等部门的人员基本招收完毕。张权的招聘准则有两条：一、只招熟人，不过不是刘强和刘梅的熟人，而是他自己的熟人；二、严格把控各部门的人数，以方便自己管理。如果刘强和刘梅略晓职场之道，就会发现此时自家的培训机构已基本被"张家帮"接管。不过自始至终，他们毫未察觉，张权传递给他们的讯号亦是——这些人都是就近招的，就是本地人。

张权的渗透是"润物细无声"式的，尽管刘强对教育培训事务一窍不通，但在很长的一段时间内，张权还是坚持早请示晚汇报，给足了刘强面子。刘强能做什么指示和决策吗？答案是否定的。所以无数次的请示，最终的结局其实不过一句话——"凭君处置"。这么一来二去，辗转反复，刘强慢慢也厌烦了扮演人偶式的角色。有一次张权在向他汇报公司的财务状况时，他直接打断了张权的话，"权子，你不用说了，你说了咱也听不懂，你就自己拿主意吧，对你我还不放心吗？"就在这时，张权借机暗示刘强，他可以去财务那里拿一些钱做自己想做的事。这一暗示正中刘强下怀，他去财务那里一张嘴，发现自己的话还真是有分量。于是，在之后的大段时光里，刘强把机构当成了自动取款机，只有在拿钱时才来公司，慢慢远离了公司业务。有钱后的刘强重启了过去的浪子生涯，不同的是，这一次，朋友对他的态度，不再是调笑，而变成了赔笑。刘梅这次也没有什么意见，一则她不觉得丈夫留在公司能起到什么实质性的作用，二来嘛，刘强喝酒打牌的花销此时对他们来说已经不算什么了。

接下来的一年中，刘强的教育培训机构以一种很稳健的态势渐渐扩张，店面越租越多，教师和学生队伍也日益壮大，逐渐与另外两家形成三足鼎立的局面。而他们之间的关系也像魏蜀吴三国一样，在外人看来是群雄争斗的一桩美谈，可实际上，他们彼此将对方视为你死我活的敌手，"亦敌亦友"只是外界的美好幻想。当然，这种仇视，很多时候是掩映在笑意盈盈之下的，为外人所不察。

6

不独人类的本质是复读机，企业的本质也是复读机，这在前面已经说过。在张权入局之前，市里的两家寡头机构可说是教育培训行业的先行者，但他们的创新速度远远逊色于其他机构的搬运复制速度，因而它们立体化的教育培训业务模式，在运行不久之后就遭到了剽窃，并被大范围的模仿。后来它们的坚挺，主要依靠的是雄厚的资本。

作为外来的新兴事物，张权提出的全新的授课模式和课堂结构，曾令家长迷醉、行业震惊，但短暂的震惊之后，复制风潮四起，这一次，两家寡头机构成了模仿的先行者，张权主导的"新式培训"，被他们照单全收。他们当年骂别人的话，此时可以原封不动地送给自己。不过在他们自己口中，这是一种变相的再创造，是以学习为基础的深度加工。严于待人，宽于律己，是复杂人性的另一种表征。可从另一个层面来看，他们再创造的说法是成立的，因为他们请来的名师数量更多，开设的"精品课程"数量更多，宣传力度也更大，甚至覆盖到了周边的县市，在这种恢宏的声势之下，刘强的培训机构反而更像是山寨货，学员开始流失，老师也被陆续挖走，好在不至于伤筋动骨。

只要"神通广大"的张权再出新意，想出一点奇招，立刻就能让自家的机构重新屹立于华山之巅。可惜此时神奇大师张权身上的魔法"貌似"在逐渐失效，他想到的应敌之法是广招名师，扩大宣传，说得直白点就是——花钱，以彼之道还施彼身。他找到刘梅，把机构此时面临的危急处境向她一一说明，其间他不断煽风点火，让刘梅觉得如果不投钱，自家机构随时都可能被另外几家投钱的机构碾压。一席话说得刘梅汗流浃背，"好日子才刚刚开始怎能让它结束？"于是刘梅颤颤巍巍地在财务支出上签了字。

一场旷日持久的消耗战就此拉开帷幕，三家机构你来我往，常规的倾轧，恶毒的使绊儿屡见不鲜。而在这一过程中，另外两家心照不宣地结成了同盟。理由很简单，在张权入局之前，场面很祥和，他们两家平分大头市场，其余的小鱼小虾由其他小机构吃下，于是张权成了均势的搅局者、破坏者，大家同仇敌忾针对的对象。另外两家机构的关系就像婆婆和孙媳妇，他们之间永远无法成为朋友，可因为有刘强培训机构这个儿媳妇夹在中间，于是有着共同敌人的他们在下意识中就形成了共谋。后来，他们多次联合来刘强这里

"挖人"，惊得机构的执行人张权只好又多次来刘梅这里请求财务支援，招老师、办推广活动、买全新的教具，这是张权给出的一系列说法，不过钱到底流向了哪里，刘梅和刘强是不清楚的。刘梅看到的情况是，张权正在为自家机构的前程浴血奋战，而刘强彼时正沉浸在财务自由的喜悦中无法自拔。好在机构多数情况下仍能维持收支平衡。

7

关于自己和丈夫的实权被架空，刘梅看得很开通，理由很简单：首先，她和丈夫确实不行，那笔拆迁款放在她和刘强手里，就是一笔连年贬值的固定资产，没法做到钱生钱；其次，张权确实很行，自己增加的身价不会撒谎，张权确实在帮自己赚钱。所以她任由张权去运营一切，只要她能看到自己财富上的增益。

刘强最开始也是这样想的，自己当太上皇，遥控别人打江山，不费吹灰之力就能财源滚滚，不乐意的人才是傻子。但慢慢他发现，太上皇这东西还没有皇太后值钱，后者还能时不时地对后宫之事指点一二，太上皇就完全成了个起象征作用的摆设。更可气的是，他这位太上皇还是位没有任何功绩的前代皇帝，于是还没驾崩，就被大家忘却了。他曾在不同场合不止一次地向众人介绍自己是培训机构的校长，结果也不止一次地遇到别人叫他张总，把他误当成张权的尴尬。这让他隐隐觉得有些不爽——别人都不认识自己，还怎么吹牛炫耀啊？

刘强的朋友们也不喜欢张权，因为在他们眼中，这个人太死板了。自家兄弟刘强办了个大机构，自己任个闲职，分一杯羹不是很正常吗，可他偏偏不许，还在那里扯什么"我们不搞裙带关系，只走职业化道路"的屁话，说的好像机构是他开的似的。有位酒友曾经当面和刘强数落张权的不是，并且用带有挑衅的口吻问道，"机构到底是你们俩谁的？"搞得刘强当时脸上就有点挂不住，他自己其实也有这个疑问。不过没办法，谁叫人家张权是大学生呢，谁叫人家懂教育培训呢？谁叫人家确实帮自己挣到钱了呢？所以，在很长的一段时间里，尽管刘强有主事教育培训机构的念头，但他一直没什么举动，也没敢和刘梅提，妻子能让自己花点儿小钱，已经够给面子的了。

可当培训机构被别家围攻，连续几个月都没能盈利时，刘强有些坐不住了。租了那么多教室，请了那么多老师，发了那么多广告，结果一分钱都赚不到，这是刘强不能接受的。他不懂什么叫"战略均势""战略制衡"，"不进则退"这个成语他倒是记得蛮熟的。他和妻子刘梅说了自己的想法，此时的刘梅也开始动摇了，怎么只见张权要钱、花钱，不见他为自己挣钱呢？自己卡上的数字可是几个月没见涨了。所以她也有意让丈夫重回公司，哪怕是监督张权也好。

于是，从某个节点开始，刘强逐步参与到机构的运营和管理事宜中，同时，带进来一批与之同类的人——他的朋友。他知道这些人没用，但此举能显示自己的崇高地位，向外宣示一个讯号——这家培训机构是我刘某人的，由我掌管一切。这样看来，刘强急于重回公司，到底是为机构的收益，还是自己表面的虚荣，还真是难下定论。

半是急于证明自己，半是为了向朋友炫耀，刘强上位之后，开

始有意打压张权。他先是收回了张权一部分的人事任免权，除了一
线授课教师的任用，其余岗位通通由他本人负责，随即他便安排了
一众所谓的"自己人"进入公司，将他们安插在各个岗位。在当晚
的酒局上，刘强享受到了近乎皇帝般的簇拥，他们一口一口"刘校
长"地叫着，刘强听起来很受用，他的虚荣心第一次得到了真正意
义上的满足。后来，刘强又自作主张开除掉张权雇来的财务人员，
这是刘梅默许的，走马上任的人，是刘梅的表弟。至此，眼见几无
油水可捞的张权已经隐隐有辞职的念头，他开始私下里联系投资
机构。

当上校长之后，刘强看待张权的视角也渐渐发生了变化，过去
他觉得张权是他们那一拨人里最有文化、最有出息的，可此时此刻
他只觉得，读再多书又有什么用，还不是要给自己打工？钱什么都
买得到，包括大学生和大学生头脑中的知识。于是他开始有意在张
权和"朋友"面前宣示自己的权威。从某一天起，刘强开始强制张
权每天早上去校长室向自己汇报工作，不过这种汇报不是为了业务，
而是为了向张权和他人表态——谁才是机构里的爷。在张权汇报的
过程中，刘强特意叫来一众兄弟旁听，整个场面乱作一团，张权每
说两句话就有人插嘴询问，刘强则把脚搭在办公桌上，边看边笑，
恼得张权有几次险些发作。这一制度实行了几天之后，被刘强废止，
因为他的目的已经达到了，再玩下去没意思了。

到了这一步，刘强和张权过去的情谊基本烟消云散，当然，老
谋深算的张权表面上还是很恭顺，或者说更恭顺了，过去他叫刘强
"强子"，现在他一张嘴就是"刘校长""您"等敬称，刘强觉得这位
兄弟是被自己慑服了，心里很是得意，还在酒桌上吹嘘了一次又一

次。在称呼上更恭顺的同时，张权逐渐将手中的决策权一步步移交给刘强，到后来，他基本只是附和刘强的决策。刘强干得越没谱，他的鼓动力度越大。

刘强主事后，张权向他详细地汇报了公司的运营情况。刘强似懂非懂，懵懵懂懂，或者可能压根没懂，但他记住了一句话，与自己"打架"的公司有钱且不惜钱，办活动的频率很频繁，活动期间给予家长及学生的福利很多，这是己方不如对方的地方。从这句话中，刘强自以为找到了突破口，"对方之所以压我们一头，是因为办起活动来比较狠，只要我们更狠，便可以反败为胜。"以我们的脑回路，恐怕很难得出这样的结论，但刘强做到了，可见此人确实不一般。而半个月后，就是刘强教育培训机构成立三周年的当口，当口被他当成了风口，这位仁兄，满心欢喜地以为自己即将起飞。

刘强把大力举办"三周年活动"的消息告诉了张权，张权当即对他的聪明才智表示了赞许，"真有你的刘总，我怎么就想不到呢？"同时他还附议道，只要广告打得好，新增学员的学费就能让机构狠捞一笔。此举也得到了刘强一众朋友的支持，他们的头脑中没有收支、盈利这些概念，但"活动"两个字很是让人兴奋，是几万人看自己当众吹牛的那种活动吗？有人这样想。

强哥有事，八方支援。刘强要办活动的消息一出，一时间，全城没正事干的人通通汇集到刘强的培训机构，而刘强本着"四海之内皆兄弟，五洲震荡和为贵"的原则，满心欢喜地接纳了他们。一时之间，教育培训机构变成了马戏团，满面青涩的学生中穿插着的，是一身酒气的社会闲散人员。不过这些人够自觉，并没有影响到课堂秩序，而他们的"自觉"，其实是刘强反复叮咛的结果。

活动最终得以举行，在全城形成了浩大的声势。一群玩家来搞活动，不可避免地会带有玩闹的影子。在机构节庆活动之下，套着众多的小活动，而这些小活动的主题只有一个——玩游戏，得奖品。一时间，上到原本与大爷跳贴面舞打发时间的大妈，下到未到学龄的纸尿裤宝宝，通通参与到活动之中。活动的高潮部分是刘强、刘梅以及其一众亲友的登台演讲，这些人对教育培训一窍不通，但都是耍宝能人，场上场下，一时间充满了快乐的气氛。张权和他的教师团队，此时就站在台下，无动于衷地看着他们表演，其冷漠程度，就像南方人看东北老铁在快手上的表演一样。不过他们的失语于全场的喧嚣无碍，那一天，没人记得他们的沉默，大家记得的，只有搬回家的奖品以及培训机构校长的真实姓名——刘强。而后者，正是刘强举办活动的终极目的。

以往教育培训机构办的推广活动，通常很难得到众人的一致好评，因为学生和家长都是以自我感受去评价服务的优劣，在这种情况下，就算你像罗永浩那样愿意让他们一块钱听八节课，他们也会埋怨，"为什么不把那一块钱也免掉呢？"可刘强办的活动可谓是皆大欢喜，在场者，或多或少都得到了好处，就算没有，免费听一场相声巡演也不算吃亏。从这种角度看，刘强和他的朋友可说是功莫大焉，因为他们给世间播撒了欢乐，多么伟大的一桩事业！但从招生营销的角度看，这场活动是无用的，它就像一场大型卡拉OK，自娱娱人，可事过之后却如同镜花水月，难以在人们心尖留下涟漪。归根到底，这次的活动，本就没有以推广学校的业务品牌、增加学校人气、吸引学员为出发点，所以活动只是一出闹剧，没有带有新意的筹划、没有专业水平的执行服务、没有正确的营销模式，什么都没有，因而注定什么都无法留下。事后刘强和张权去财务那里确认本次活动的花费，共计20余万元，而与之相应的，它起到的宣传效果为零，或者说是负数，因为很多家长在笑过之后，决定不再续课了，他们在活动期间看到了不着调的刘强，觉得他更适合去唱戏，而自己会带孩子去戏园子听戏，却不会带他们去戏园子学习。

8

活动办完之后，机构的账面上立即出现了20万元的亏空。刘梅找到刘强，此时的刘强正在诧异一件事——为什么活动办完，不见新学员增多，反而有逐渐流失的迹象呢？刘强看见刘梅，先叫她从家里拿出二十万，把窟窿补上，免得到时部分教师发不出工资。刘梅闻言变色，"你不能帮我赚钱，还要我往外贴钱？"之后就是一顿臭骂。刘强此时也慌了，他担心妻子看他下了这步臭棋之后，撤了他的职，自己又要从云端跌到尘埃。于是先发制人，向刘梅告状说，"办活动的点子都是张权想出来的。""市场主管""人事总监""行政经理"等人在一旁附和，刘梅并不知道这些西装革履的人都是刘强的朋友，于是转而怨起了张权，想要去找他讨要个说法。刘强怕自己被拆穿，赶紧拦住刘梅，"你现在去找他，他当着这么多人的面下不来台，对大家都不好。"最后刘梅愤愤地回了家。

刘梅走后，刘强找到张权，故作急切地和他说："你嫂子怪你把活动办砸了，特别生气，下班后你和我回家去赔个礼吧。"听完这几句话，张权立刻知道了自己现在的处境，但事已至此，他觉得自己已经没有必要再给刘强台阶下，于是特别沉静地说："事儿不是我办的，所以我没有理由去道歉。"气得刘强脸色发白，但他又怕张权把事情捅出去，于是就在两边斡旋。最后，刘强和刘梅决定，将张权降职为常务副校长，以示惩戒。事情到了这一步，张权基本不再理会学校的事，他加紧忙起了自己的事业。

败掉二十万之后，心急火燎的刘强想出了两点妙招去止损。一是暂时搁置新教具的置办和新教师的招聘，"教具又不是用不了，只是旧了点儿，哪还至于去买新的？"于是，新教具暂时不买。至于新老师，刘强觉得以后也没有招的必要了，学生越来越少，教师越来越多，这不是脑子有病吗？当数学科的组长来向他解释时，催生了刘强的第二个点子。据数学组长的说法，学校的教师数量，整体上是足备的，但高中部负责一对一数学补习的老师近期刚被另外两家挖走了几个，所以需要进行填补，刘强闻言痛骂对手"可耻"，但没有同意招收新老师的请求。

"聪明绝顶"的他另辟蹊径，决定把课程的结构做一些调整——把五人班和三人班合并到一起。"人家十人班不也上得好好的吗，他们也没问题的，这样，省出来的老师就可以一对一去赚大钱了。"刘强这样安慰自己。于是，第二天行政部出台了一项新政策——把两个班级进行合并。自鸣得意的刘强，给出的理由很是冠冕堂皇——为结束学生彼此生疏的局面，促进学员间的互相交流，遂有合并的政策。哪想家长压根不吃这一套，政策一出，他们立刻发出抗议，还有人扬言要告到劳动局，送刘强去吃牢饭。刘强吃过蹭饭、软饭、大锅饭，就是没吃过牢饭，顿时吓得尿了裤子。

　　此时此刻，还是屡经战场的张权足够冷静，他不屑地撇了撇嘴，"劳动局没什么的，我办培训班的时候，三天两头就得去那里坐坐，路比回家的路还熟，人家也就是警告你两句。"刘强闻言，心里踏实了不少，后来他又听从了张权的建议，对带头闹得最凶的那几位家长进行了双倍赔偿，以堵住他们的嘴。谁承想，此事被其中的某位家长泄露了出去，一时间，来讨钱的家长排成长队，张权失算了，刘强最终付出了惨痛的代价。

　　到这一步，刘强和刘梅都不打算再留张权了，尽管他们内心深处很清楚，机构走到这一步与张权没有直接关系。但无论是一家之主，还是一校之长，大多都缺乏自我检点的素质，或者说因为身在其位，他们很难放平身段，一旦放平，则意味着权威的溃散，王不成王。所以他们宁愿舍掉自己的得力爱将张权。

　　张权这方面呢，自从刘强主事以来，便产生了出走的想法，在他看来，自己可以为猪赚钱，把猪养肥，但猪如果妄想指挥自己，自己就只好表演卸磨杀猪，不念旧情了。何况这头猪太有想法了，它明明都那么肥了，还那么能捞，搞得自己都没有油水可以压榨了，这活儿干着还有什么意思？所以张权的出走，可说是一次顺水推舟的局面，彼此没有扯皮、挽留甚至告别。张权就这么走了，带着他招进来的几十位教师和其他部门的相关人员。据说在进入公司之后，张权就在筹划这一天，他和教职工之间，经常瞒着刘氏夫妇进行一些私人的聚会，还经常拿公司的钱，以个人的名义给骨干员工一些好处。还有传言说，在离职前的一个月，张权就已经和一家投资公司谈好了，对方会资助他开办一个新的培训机构，这些刘强夫妇都不知情。

回乡的那天，潦倒的张权是被奥拓拉回家的，那是2004年的秋季，北风呼啸，离开机构的那天，他开走了一辆奥迪并且身着一身名牌，腕系名表，那是2007年的秋季，秋风在那天如春风般和煦。张权身上的物件明显在工资承受范围之外，他是怎么做到的，刘强夫妇也不知道，他们知道张权贪了自己的钱，但证据呢？他们甚至连财务报表可以造假这件事都不知道呢！

9

张权的离开，对刘强教育培训机构的挫伤是致命的。转瞬之间，机构失去了主心骨，就像房屋失去了顶梁柱，坍塌只是时间问题。此外，张权带走的几十位老师，是机构中珠峰般的存在，只有他们具备一对三以及一对一教学的能力，其余的老师，在学生及旁听家长的逼问下，多半以手足无措和汗流浃背收场，根本无法掌控局面。

不过这还只是场面上的不堪，致命伤是张权及其团队是吸引家长和学员的最重要条件，这家机构的卖点就是——精英化教学。而如今各路精英作鸟兽散，这家机构以何理由存续呢？用一些不明真相的家长的话来说就是"校长带着名师卷钱跑了，我们不跑，更待何时啊"。刘强却没有这种意识，在他看来，机构的学员基础还在，把老师的空缺补好，总还可以经营下去。于是他劝刘梅拿出一笔钱，又招募了一批新教师。而这些教师如前面所说，根本达不到精英班的素质要求，于是刘氏夫妇，又花了一大笔冤枉钱。

就在这时，有位老师向刘强建言，建议他趁着还有路可走，不妨把机构卖给寡头机构中的某一家，这样讲师有路可走，学员有人接手，刘强也可以拿一笔收购费走人，不至于最终落得一场空的下场。这个建议在当时可说是切中肯綮，可刘强的虚荣心此时又涌上来了，他觉得对方是让他把自家的江山拱手让人，于是当即对提议者破口大骂，其言辞之污秽，不堪入耳。

另外一人的建议相对保守，他觉得既然讲师已经招了，总不能闲置不用，于是就建议刘强让这些新招的老师去带大班，像一般的培训机构那样上大课。可过去几年，机构走的都是精英化路线，根本没有那么大容量的教室。于是，不消说，刘梅又拿出一笔钱，租房子，买桌椅，买教具。

可大班开办之后，机构后续的宣传力度并没有跟上。上次办活动亏掉的20万伤了刘强的心，打那以后，他听见推广活动这几个字就心里犯怵。市场部主管来请他敲定营销方案，他听说要花钱，当即就破口大骂，市场部主管一边叹气一边走出了校长办公室。后来，运营部和市场部陆陆续续发过几次传单，做过几次小规模的地推，但收效甚微，大班的学员招收也一直没有明显的进展，生生把大的规模班，办成了小的精英班。

在营销上束手束脚，在酒局上，刘强却向来一掷千金。自从张权暗示财务给他拿钱，开了口子之后，他就成了所有酒局的大东家，该他买的单他买，不该他买的单他抢着买，为的就是那一句——"刘总威武"。自始至终，他都对别人的吹捧有着近乎贪婪般的迷恋。张权出走之后，刘强没了束缚，闹得更欢了。可如今他的借酒寻欢，却是为了借酒消愁，眼见着机构一天天缩水，他却无能为力，就只好选择自我麻痹，不作为，换言之，他选择醉眼蒙眬地看着机构一步步倒掉。为这，刘梅跟他吵了好多次，后来他索性不再回家，酒局公司两班倒，眼不见心不烦。

天真的刘强以为自己会在酒池肉林之中，在迷醉的状态下无痛苦地走向机构的终点。当时公司账上还有几十万，够他花上几年的了。可这时发生的一件事，瞬间把他和机构推向了末路。

捅娄子的人是公司的财务主管，任命他的人是刘强，可实际上，他是刘梅的表弟，从小和刘梅在一起斯混，关系堪比骨肉至亲，刘强和刘梅都很信任他。这人表面上寡言少语，给人一种很踏实的感觉，但其实他和刘强是一路人，喜欢炫耀，喜欢听人恭维，喜欢表面的虚荣。不过在被吹捧之后，他不似刘强那样喜形于色罢了。在担任公司的财务主管之后，他的白我认知也不同了，开始以成功人士自居。但人人尽知，所谓的成功光环，是用金钱一步步堆砌起来的。而他的工资无法匹配得上自己的虚荣心，于是他开始拿公司的钱维持自己的体面。半是因为信任，半是对财务的事宜不懂，在他私吞公款的过程中，刘氏夫妇自始至终都没有发现。等事情败露，已经是他把账户掏空，发不出员工工资之时了。

从几个人开始，员工聚集在一起，最后掀起了一股讨薪的热潮，此事最后惊动了劳动局，刘梅和刘强被勒令偿清工资。到了这个份上，刘梅口袋里的钱也所剩无多了。

拿到钱的第二天，成批量的员工递交了辞呈，刘强苦留不住。此时宾主之间的境况完全不同，机构的持有者刘强，已然被推到悬崖边，机构在败亡的边缘摇摇欲坠。而对于一名教师而言，这只不过是自己改换门庭的契机罢了，教育培训机构倒了一个又一个，与自己无关，反正在哪干都是干。

人群离散之后，刘强的心瞬间结冰。没有教师，课谁来上？自己怎么向张牙舞爪的家长交代？想到这里，刘强不禁打了个寒噤。可这时闻风而动的房东又找上门来，他听闻了刘强的悲惨遭遇，唯恐刘强日后没钱付本月的房租，于是决定再插一刀，让刘强一命呜呼。刘强含泪带他回家，让刘梅拿出家中的最后一点存款，偿清了房租。房东走后，刘梅先是冲刘强狠狠地扇了两巴掌，然后夫妻二人抱头痛哭。一番折腾，终是黄粱一梦。二人回到了刘梅家拆迁之前的起点，可中间的这些故事，又如何抹去呢？

10

第二天刘梅陪同刘强，找到了两家寡头中的一家，请求对方收购他的培训班。对方校长粲然一笑，"你的培训班还有什么收购的价值呢？一没师资，二没场地，只有一些课程还没完成的学员，我收了你的班，不是给自己添负担吗？"刘梅听出了他的弦外之音，连忙说道，"我们不要钱，只要你把学员接收过去就行了，我们实在没法子处理这些人了。"对方看她还算识趣，叫来秘书，当面拟定了一份学员转让的合同，这是刘强亲手签订的第一份合同，此前合同都是由张权把控的。可惜有些事，开端和结局是一体的，刚刚开始也就结束了。签完合同之后，刘梅扶着刘强走出办公室，他们一道老了十岁。那是2008年，一个举国欢庆的年度，刘强和刘梅的教育培训机构，在万众的笑语盈盈中死去。

刘梅是在两年后带着孩子改嫁的，用她的话说，再不走人，她们娘俩都得饿死。事业失败之后的刘强走起了过去的老路，不过朋友们此时已然不想听他吹牛，他们只想听他创业的曲折故事，刘强沉默不语，他们就拿话来逗，"听说张权那天是开奥迪走的，你的奥迪呢，强子？""听说你媳妇又干起了老本行，你没去照顾她的生意吗？""听说你相声功底不错，表演一下呗！"刘强一声不吭，眼中噙泪，那是失败者最后的自尊，尽管彼时的他仅剩一具躯壳。

11

一家企业或机构败亡后，我们这类饶舌之士总会化身侦探和鹦鹉，先是孜孜不倦地探秘缘由，再是喋喋不休地将之公之于众。譬如吴晓波在《大败局》中，就详细地分析了十数家典型企业的失败案例。作为一家巅峰时期，流水也不过百万的教育培训机构，刘强的失败与牟其中、史玉柱等人完全不可同日而语。但对于我等升斗小民而言，刘强的失败是很具有代表性的。他代表了某一类教育培训创业者败亡的根本原因，即此人根本不适合进入教育培训这一行业。

但凡是教育培训行业的创办者，要么懂教学，要么懂管理，要么懂营销，要么懂资源整合，如果通通不懂，想发展下去就是痴人说梦。而正是因为刘强的不懂，所以他才会被张权鼓动，进入一个于己而言完全陌生的行业；才会在前期完全放权给张权；才会自始至终被张权玩弄于股掌之中，由机构持有者变为提线木偶，为他人作嫁衣裳；才会在自身渗透进机构之后，屡屡摆下臭棋，将机构一步步推入火坑。刘强自始至终的表现，何止是不懂教育培训行业的相关知识，他简直是连常识都不具备，失败也在情理之中。

再进一步说，刘强的表演型人格和创业的格调可能也有些违和。创业是一件闷声发大财的事，发财之前的第一要义是低调，第二要义是低调，第三要义还是低调。创业者要有"十年寒窗无人问"的精神准备，方有可能迎来"一举成名天下知"的腾飞。过早地显露自我，会被行业中的那些守成者当成活靶子的，你躲得过一发子弹，躲得过十发百发吗？

当然，刘强其人并非百无一用，他的好多特质如果放在如今的互联网时代，或许足以使他成为一名小有名气的网红，譬如煽动性强、懂得放低姿态、口才过人甚至是别致的外形，但把这些特质放到教育培训这个行业，就是表错情，会错意，嫁错郎，结局势必覆水难收。

把刘强的失败完全归因于他自身是有失偏颇的，他的引路人、合作者张权，或许是一名好的教育者、管理者、运营者，但绝对不是一名好的合伙人。古语云"无事献殷勤，非奸即盗"，张权就是自一开始就图谋不轨的盗贼，再参照他的挪用公款、挖墙脚等事宜，刘强的溃败，与他脱不了干系。

可如今再说这些意义何在？刘强最终选择了自我放逐，这是他自己走的路，这是路的终点。如果有心人返回起点，必会发现那里站着茫然无措的刘强和"循循善诱"的张权，后者正挽着前者的衣袖，准备带他到教育培训这条路上走一走，而此路本不属于刘强这种人，他"误入歧途"，于是路远马亡，死在半途。

抹香鲸潜于深海，信天翁遨游天际，如果二者位置发生置换，非死即伤。每个人所处的位置未必是上天注定，但必定是此时最适合你的，你想实现跃升，就要先实现自身之蜕变。而刘强在蜕变之前，就被裹挟入洪流之中，于是被碾为齑粉。归根结底，那不是他该去的地方……

四、当在职教师遇上教育培训机构

——失去翅膀的天使与常人无异

1

人很难看穿别人，更难看穿自己。要么是自我贬低过甚，要么是自我抬举过高。前者即所谓自卑，后者便是自傲。自卑和自傲，看似是一种单纯的内心活动，其实脱离不开外部环境的作用。譬如自卑的心绪，通常与儿时的成长经历息息相关，这段经历若不平顺，余生怕是都要花费时间去治愈"自卑"。自傲亦如是，好多人的自视过高其实是被"环境"惯坏的，周遭人的吹捧、周围人的平庸、平台的光环笼罩，都可能使人自我评价虚高。可一旦从原有的环境中跳脱，当事人往往会发现，他身上此前披戴的荣光是虚幻的，那是环境的光，与他无关。就像大天使加百利，一旦被上帝所弃，便与常人无异……

2

品尝过梦想失落的惆怅客大有人在，其中况味，冷暖自知，毕竟能让梦想照进现实的幸运儿只是少数。

应是上天眷顾，郑玉就是那概率仅有千分之一的幸运儿中的一位。上小学时，老师询问大家的梦想，郑玉的班级一共四五十人，三分之一选择了老师，三分之一选择了科学家，另外的三分之一选择了无私奉献的清洁工人，郑玉选择的是教师。二十年呼啸而过，老师退休含饴弄孙，早把这一例行公事般的问询忘得一干二净。郑玉的同学，一部分做了销售、一部分做了微商，其余人等散落天涯各处，每天做着无关梦想的工作，说着言不由衷的话，似躲避过街老鼠般躲着从自己身边路过的清洁工人。曾脱口而出的梦想随二八年华一道，被狗叼走。郑玉是人丛中的异类，她真的想做老师，毕业后真的做了老师，而且还做得不错。

郑玉毕业于某所名声在外的外国语大学，毕业后在众人不解的眼光中，她回到家乡，在那个十八线城市做了一名英语老师。郑玉所在的学校是该市唯一一所被评为"省级示范性中学"的重点高中。只花了三年时间，她就从一个籍籍无名的大学毕业生修炼成了课堂气氛最火爆、提分效果最显著的优质教师，工作第四年，她成了学校理科名校冲锋班的班主任，第五年时，她被校长选为英语学科带头人，英语教研组组长。学校里的"老资格"们曾在背地里窃窃私语，议论郑玉一路高飙的升迁过程，言下之意就是"事出非常必有妖"，但对于郑玉的英语根底和业务能力，他们骨子里还是服气的，嘴上倔强着不肯承认而已。

因为与年龄不相匹配的能力和职位，郑玉在老师、学生和家长群体里都很有名，老师惊异她的"少年老成"，学生敬服她的授课水平，家长对郑玉的"高看一眼"，则是打孩子那里听来的，老是听他们念叨着"小玉老师"，自是耳熟能详。就这样，郑玉成了校内真正意义上的"名师"——实力强劲，声名卓著。

对于补习这件事，郑玉并不陌生，在大学期间，她就给各个年龄段的学生做过私人家教，在课业之余赚取了大量的生活费。和那些一心扑在学习上的优等生不同，她对金钱有着很开明的看法，觉得靠知识赚钱是至上荣光，知识本就是无形的商品，拿来贩卖入情入理。正式登上讲台的前几年，郑玉没有接触过这项业务，那时她忙着在校内站稳脚跟，一门心思地往高爬，根本无暇他顾。等到升为英语教研组组长，在校内有了一方势力后，她便开始琢磨别的赚钱之道。毕竟那几千块钱的死工资，维持日常开销尚可，想要活得精致一点儿，根本不现实。

郑玉接的第一单生意是别人主动送上门来的。有一天下课，一位面带焦急和期待表情的家长拦下郑玉，请她帮忙。郑玉问明缘由，原来她是一位普通班学生的母亲，孩子刚升到高三，家里希望他能争取一下一本院校，但这位学生偏科实在太过严重，英语想考个及格分都不容易，所以家长希望郑玉能够有偿指导一下自家孩子，把他瘸腿的英语学科治疗一下。她开出的待遇很优厚，几节课的指导费基本就能顶上郑玉半个月的工资，除此之外她还见缝插针地说了一句："整个学校怕是只有小玉老师您能帮他了，好多老师我们都试过了，根本没用，名不符实。"在利诱加奉承的双重攻势下，郑玉答应了。后来的一个月时间，只要不带晚自习，郑玉就会去那位学生家里帮他"治病"。

只要是关于英语教学，郑玉几乎没失过手，这次亦如是。一个月之后，那位学生的英语破天荒地考了94分，喜得家长给郑玉包了个大红包。这次补习改变了两个人的命运，一是那位学生，在郑玉这里尝到甜头之后，他的家长简直是把自家孩子托付给了郑玉，后来一直到毕业，郑玉的培训班里一直能看到他的身影，他就像郑玉的影子——且不因夜晚和阴天而消失无踪。最后高考时，这位学生英语考了将近110分，成功圆梦——他自己和家长的一本梦。第二个被改变命运的人是郑玉，在这一次的补习中，她赚了钱，这不消说，但更重要的是，她看到了教育培训市场的潜力——这个世界上，中等生和差生永远比优等生更多，很多人根本不具备自主学习的能力，他们需要引导，并心甘情愿地为此付出金钱。这就是郑玉后来开办培训班的动机。

3

有了成功的先例之后，逐渐开始有更多的学生和家长找到郑玉，请她施展魔力，帮自己（或自己家的孩子）提分。当然，原因不是那位家长的大力宣传，她只管自扫门前雪，哪肯管他人瓦上霜？而是郑玉在课堂上有意无意地暗示，她带的两个班，都在无形中被她传达了一个信号——我开始给学生补习了，包学包会包分配。于是两个月之后，她身边开始聚集起一小撮学生，授课的场地也由学生家变成了她自己家。其间又不断有学生涌进来，郑玉根据他们报名的时间，把课分别划分在了几个时间段，她的业余时间逐渐被排满。这么将就了两周之后，郑玉觉得有必要改变一下现今的局势。一来场地不合适，把闺房当成学区房终究不是长久之计；二来现在的机制也有问题，来一拨学生接收一拨，没头没尾的，全吃下去自己还不得撑死？实际上在那段时间，精力过人的郑玉已经开始感觉有些独木难支了。所以她暂时中止了学员的招收，打算先把手头学员的业余课时上完，然后再做打算。

一直到这个时候，校内知道郑玉开课办班的人还只是少数，于是在她面前铺展开了两条殊途异归的路。一是和市里的某家培训机构合作，以机构做挡箭牌，自己只负责教课，拿课时费走人，操心少，暴露的风险低；二是自己办班，全面操盘租场地、招学员、招老师、授课等事宜，自己当老板，担责任，承担被检举、揭发的风险。郑玉选择了后面那条比较难走的路，这与钱有关，打工仔的收益和创办人当然不可同日而语，却又不只和钱有关。从小到大，郑玉都不喜欢受制于人，她喜欢管人，让别人为自己所用。现在她担任学校英语教研组的组长，对资格更老的教师平时很是恭敬，和与自己年龄相仿的老师也大多能打成一片，但她不时就会流露出不容置喙的口吻，用一句名人名言来说就是——我不要你觉得，我要我觉得。不过大家始终相安无事，和和乐乐。

拿定了主意之后，郑玉做的第一件事情是把自己打算办培训班的消息，告诉在她那里补习的同学。如她所料，这拨人几乎全跟了过去。租场地这件事，她是请一位学生家长帮忙找的，不，准确说来应该是对方听说她要在校外办班之后，大献殷勤，主动提出要帮郑玉找房子，郑玉欣然接受。后来郑玉去看了那处房子，发现它的前身就是一家培训机构，桌椅黑板都还在，离学校不远不近，规格适中，交通也算是便利，就直接敲定下来了。至于授课教师，目前由她一人全部包办。郑玉思忖了一下，给自己算了笔账，觉得只凭现在自己手里这十几个学生，去掉房租等相关费用，每月所剩无多。若是要搞这样的慈善事业，自己何必费这一番功夫？所以培训班暂时还不能办，学生还得继续招，郑玉如是想。

郑玉此前在学校里招生有些遮遮掩掩，只敢暗示不敢明言，其姿态，和《琵琶行》里犹抱琵琶半遮面的歌女几无二致。在笃定了扩大招生规模的念头之后，她原本的羞涩和矜持渐渐褪去，开始广撒网，多捕捞，发动学生、家长和老师一起帮自己招人。如果说学生和家长只能起到辅助作用，帮郑玉撑撑场面的话，她的教师同事在招人时可谓功莫大焉。当郑玉在私下里委托自己教研组的同事帮自己招生之后，很快他们就给郑玉送来了一批学生。胆小者和郑玉一样，旁敲侧击式地暗示学生，胆子略大者则直接怂恿成绩不好的学生去郑玉那里补课，"就你这榆木脑袋我是教不了了，小玉老师办了补习班，你快去找她救命吧！"短短两周之后，郑玉的补习班就从十几人扩充至几十人，达到了开班的火候。

在开班之后，郑玉身兼数职，校长、财务主管、常务主管、授课教师通通由她自己担任，她的母亲有时会来教室打扫一下卫生。为了保证课程质量，郑玉将几十人的学生队伍一分为二，每个班级控制在二十人左右的规模，两个班级的开课时间都设在双休日，每周两节课，课程内容完全同步。这样一来，郑玉几乎达到了全年无休的状态。父母心疼她，让她把两个班级合二为一，反正教室的座位也足够，何必分批呢？郑玉摆摆手婉拒，对她来说，第一次办成规模的培训班，辛苦一点没什么，收益也在其次。最关键的是，要保证授课质量，打造一个好口碑，把郑玉的名头打响，毕竟她是把教育培训当作终身事业去做的。

整个培训过程一共12个课时，总计6周时间。在这段时间里，郑玉是翻箱倒柜，将自己平生所学几乎倾囊相授。别的英语培训班喜欢领学生读单词，让学生在课上背单词以消磨时间，郑玉则直接把这两项任务改为课后作业，上课的第一件事是考单词，还建立了相对严格的惩罚机制，保证学生不会把自己的话当成耳边风。至于她课上所讲内容，则主要是考点及与之相应的答题技巧。她的教学目标很明确：提分，提分，提分！

郑玉从来不相信学生会自觉主动地学习，那些所谓上进的好学生，感兴趣的从来不是学习本身，而是躲藏在学习背后的荣誉、表彰以及奖学金这类显性或隐性的利益，没人不喜欢这些明里暗里的尊荣，可并非所有人都愿意为之付出心力，因而老师的引导和鞭策就显得至关重要。郑玉的教学理念是这样的：如果想让学生提分，有两点需要保证，首先是要有一个业务能力突出的好老师（她自觉做到了），另一个就是要有一名上进的学生，而"上进"，主要依靠的是老师持续不断的督促。华为提倡狼性的企业文化，她则宣扬狼性的学习文化。所以通常而言，在她班里的学生，日子不会很轻松，成绩也不会太惨淡。

六周的培训"实验"过后，郑玉基本完成既定目标——找她补习的学生，成绩或多或少都有所提升。"这碗饭算是捧牢了。"郑玉在私下里和父母说。第一期培训班以成功收尾后，郑玉补习班在本校和其他学校的名头越来越响，学校规模也像喝过橘子汽水的肚子一般开始膨胀。郑玉能力虽强，但终是没有三头六臂，没法兼顾到方方面面，于是就开始主动找本校的英语老师来给自己帮手。和郑玉的"胆大妄为"不同，好多老师心中谨记教育部的政策规定——在职教师不许私自开设培训班。所以郑玉先后找过几个人，其中一半左右都没有勇气越过已然被标定好的红线。另一半则以"欲拒还迎"的态度接受了郑玉的邀请——我其实是不想冲撞政策的，但既然是你郑玉找我，那我就只好勉为其难，舍命陪君子了。其实他们和郑玉都清楚，真正吸引到他们的，是远高于工资的授课费。

教师队伍的扩充引发了连锁反应。如果说过去他们招生单纯是给郑玉帮忙的话，此时招生则完全是为自己的绩效出力了。于是乎，尽管没有郑玉的鼓动，他们还是为了扩充机构的生源纷纷使出十八般武艺。在这种众志成城的感召之下，机构（像滚雪球一样）开始在雪地上迅速翻滚，急遽膨胀。

4

郑玉办培训班，年级主任和校长一直是知道的。过去之所以不干涉，主要有以下几点原因：首先，尽管教育部明文规定不许在职教师办班，但学校里的老师深谙"背靠大树好乘凉"的道理，办班一事一直草蛇灰线地持续着，郑玉补习班并不是孤例，她在校内还有一众"同仁"，法不责众，学校也不好单独把郑玉一个人揪出来批斗。其次，郑玉补习班过去还不成规模，根本不值得学校为之大动干戈，谁会撒大网，只为捞小虾呢？最后，不同于普通教师，郑玉是学校年轻教师队伍中最拔尖的那个人，身居要职，被校方寄予厚望，校长也有意培养她成为下一位年级主任，所以她的小错小过学校根本不会去追究。

可而今时移世殊，情况不比当初。如果说之前本市教育局在处理在职教师办班这件事上还是例行公事、睁一只眼闭一只眼的话，现在随着政策的收紧，整顿力度不可避免地会加强。上面还放出话来，要揪出几个典型，以儆效尤。校长觉得郑玉补习班很可能成为被示众的典型，一来他们学校是全市最好的，二来郑玉本人是教师队伍中的佼佼者，三来郑玉补习班在各个补习班中已经开始有了"一览众山小"的气势——名师集群、学生扎堆、规模持续扩充。木秀于林，风必摧之，校长觉得郑玉很可能成为第一棵被连根拔起的树木。此事非同小可，事关郑玉前途和学校声名，所以校长赶紧约她进行了一次谈话。

那次谈话除了校长和郑玉之外，同时在场的还有郑玉的直系领导——年级主任。郑玉和她一向不合，此人善打官腔，喜欢以官位压人，钻营的能力要比业务能力强出许多，这是郑玉最不齿的第三等人。在她眼中，第一等人业务强权谋高，可与之结交；第二等人能力强不通钻营之道，可为己所用；第三等人胸无真才实学，投机取巧的天赋倒是优于常人，有把一汪清水搅浑，然后从中取利的本事，对这种潜在的团体分裂者，必得敬而远之。所以尽管自郑玉入校以来，年级主任就主动去拉拢她，还总是旁敲侧击地暗示会提拔她做自己的接班人，郑玉却总是装糊涂，一副"不闻窗外事，只教圣贤书"的做派。这么一来二去之后，主任觉得郑玉不识好歹，转而去拉拢那些能力不及郑玉，但更"听话懂事"的年轻教师，以制衡郑玉，毕竟她对自己的威胁太大了，自己是打算在主任这个位置上一直干到退休的，谁知道郑玉会不会取己而代之呢？

郑玉此前已经听说了政策收紧的消息，她也做好了校长找自己谈话的准备。可当她来到校长室，看到一脸严肃的校长旁边还站着年级主任时，心中还是不自觉地翻涌出一句脏话——"孙子，是你告的密吧？"这次的谈话与其说是责令，毋宁说是试探和协商。在校长面前，年级主任没有插话的余地，她不说话，郑玉也能做到平心静气地和校长交谈。校方的态度是这样的：办班可以，但在现在这个风口浪尖上，需要暂时停一停，以免被有关部门重点"照顾"，等风头一过再卷土重来也不晚。除此之外，到那个时候，培训班的规模需要适当缩小一点儿，她自己办班，带十几、二十个学生，学校可以装作视而不见，可她如果和其他老师搞"合纵连横"，把培训班办得和私人培训机构那样，弄得全城尽知，学校和教育局都很难坐视不理。身为一校之长，坐在郑玉对面的这个年龄可做他父亲的男人，在谈话的过程中，恰如其分地展现了自己的高超话术，一席话说的"有节有义有利"，既照顾到了郑玉的情绪，也申明了学校的立场。郑玉自始至终也表现得很恭顺，表示愿意配合学校工作。

离开校长室后，郑玉先联系了和她一起办班的几位老师。几个人坐在一起一商量，觉得而今之计，还是不要当出头鸟了，先避避风头再说吧。至于剩下的两个课时，他们决定把学生大部队打散，然后每位老师认领几股小分队，去自己家把课讲完。后来他们几位又分别给一众学生的家长打了电话，说明情况加郑重道歉。而对这些掐着自家孩子命运后颈脖的人，家长们表现得特别"善解人意"，语气过分客气的家长甚至会让老师觉得此事错在他们，该道歉的也是他们。

当晚郑玉一夜无眠，她先是在台灯下算了笔账，发现办班不到一年的时间，自己的收入已经足以和过去几年领的固定工资相媲美。而且如今自己身在体制内，算是戴着镣铐跳舞，宣传力度和机构规模都要着意控制，如果卸下身上的枷锁，自己会登上珠峰的哪个位置？郑玉一时思绪万千，彼时她的心里，已经开始孕育出走独立的念头。不过后来推动郑玉离开的催化剂，不止是一种，既有其自身趋利的原因，也有其他的客观和人为因素。

5

自从目睹了郑玉和校长的谈话之后，年级主任自觉抓住了郑玉的把柄，从此郑玉就像风筝，不管飞得多高远，线却始终牵在她手里，由她掌握起落。所以在和郑玉相处时，她时常显露出提点、警告甚至是威胁的意味。

有一次郑玉在处理一名违纪学生时，和她意见相左。在郑玉看来，那名学生的行为属于严重违反校规校纪，应予以劝退，可年级主任收了家长的好处，有意包庇，于是两人起了争执。争到激烈处，郑玉提议去找校长，由校长裁夺该学生的去留，没承想年级主任直接来了一句："小玉老师，你也是犯过严重错误的人，校长不也留你了吗？"气得郑玉瘫坐在椅子上，许久说不出话。此后，两人的矛盾公开化，除了必要的工作交涉，郑玉索性对年级主任不理不睬，年级主任则开始明里暗里地散播郑玉的谣言，给郑玉使绊儿，最开始的点头之交，到此时已然变成水火不容。

与此同时，郑玉的培训班还在偷偷地办着，不过她听从校方的建议，行事很低调，每期班只招20人，而且严令学生和家长保密。可上天恍若有意要和她开玩笑，她越谨慎，越是自缚手脚，政策便也收缩得越紧，仿佛非要置她于死地似的。在某次全体教师大会上，校长当场宣读了该市教育局新颁布的政策——"严禁在职教师在外办班，一经发现，必定严肃处理，情节严重者予以开除。"此言一出，郑玉瞬间感觉脊背发凉，年级主任那对狐狸般带着狡黠神色的眼睛貌似在某处暗暗注视着自己。

事情走到这一步，由不得郑玉不做一道二选一的选择题了，是在体制内求稳，还是在体制外求财，这是一个问题。决定过程是郑玉一个人面对的，她没有询问任何人的意见，包括父母。她认为朋友的建议大多是不加思考的怂恿，她们并不关心自己的前景，只想看看她是成是败，然后在她成事的那一刻印证自己的先见之明——"看吧，我就说你应该出来单干"，在她失败的那一刻暗自腹诽——"早知道你不行，不自量力"。至于父母，他们一定会以"不要扔掉铁饭碗"为主题对自己进行长达几个小说的劝说，可通篇下来的观点还是——"不要扔掉铁饭碗"。既然路要自己走，该走哪条路当然也要自己做主，这是郑玉的想法。

郑玉最终圈定的选项是跳出体制，独立办班。她对外宣称的理由是——追求自由。很诗意，适合作为那种冠冕堂皇的说辞。实质性的理由是趋利，很现实，熙熙攘攘，本就是为了一个"利"字。更深层次的理由是——她觉得自己行，不仅讲课行，运营也行，办班嘛，无非是搞定老师、学生和家长，而过往成功的经验已经证明，自己不费吹灰之力就能搞定这三个群体。因而郑玉最终得出结论，自己办班是天经地义，不办班则是埋没人才。

几天之后，郑玉找到校长递上了辞职报告，校长猜到她的去意，虽是惋惜不已，可也知道她不是那种甘心居于人下的人，于是索性顺水推舟，说了一番祝福的场面话之后，任由她去。年级主任不消自己动手就去除了心腹大患，在背地里偷笑，她没有佯装大度来送郑玉一程，关系坏到她们之间这种地步，连鳄鱼的眼泪都没有流淌的必要，强行煽情反而让彼此尴尬。郑玉私心想着，反应最强烈的应该是英语教研组的那几位女老师，平日她们朝夕相处，不时还会有一次三五小聚，自己突然离开，她们控制得住自己本就发达的泪腺吗？可当她去告别时，并没有发生意料之中的感人场景，无论是男老师还是女老师，情感流露都很克制，好像提前定下了"谁哭谁不知羞"的约定似的。她们和郑玉说，既然还在同一座城市，以后时不时地可以聚聚，说这句话时，她们的语气并不强烈，临了应付场面一般。两个人关系的好坏，唯有分别的那一刻最见成色，如果你的离去无法让对方心伤，可见你在他心中的地位几近于无。郑玉深明此理，但自己以后还用得着她们几个，所以也没有必要断交，维持表面上的亲密就好。

6

辞职之后，郑玉开始了自己风风火火的办班之旅。她拿出自己这几年来的积蓄，父母又贴补了她一定的数额，算是把基础资金筹措完毕。郑玉想租下之前租过的那两间教室，结果早有人捷足先登，于是她只好另觅他处。最后她选定了一家离学校不远不近的地方，这里之前也有人办过班，郑玉找到房东，问了那人的电话，然后直接打给对方询问肯不肯把桌椅板凳和相关教具卖给自己。接电话的人那时候因为机构经营不善，狠亏了一笔，打算改弦易辙，去干点别的，正愁没人接盘桌椅这些东西，这时郑玉打电话过去，他欣然应允。当天下午，搬家公司把东西拉到楼下，郑玉指挥他们把东西搬进了教室。

选定教室之后，其他事如顺水行舟，很快便得到了解决。老师是郑玉自己找的，身为一名教师，她平时接触最多的人就是教师，在教师堆里找老师，就像在动物园里打猎，不成功才有妖异。她先是给自己原来的同事打电话，结果无一例外，她们都表示不愿意以身犯险，去跟政策死磕，但都说愿意帮郑玉找找其他人。郑玉猜到她们会有这种反应，也不打算晓之以理，直接摆出条件——只要她们能帮自己的培训班介绍来老师和学生，自己就会给她们相应的提成，而且完全不需要她们公开宣传。既能躲在阴影里又有利可图，这笔买卖很快就敲定了。就这样，离开学校的郑玉，在学校里安插了自己的代理。

郑玉最终招了三位老师来帮自己的忙，其中两位是老同事介绍的，她们过去都是普通高中里的在职老师，和郑玉一样嫌弃工资低，于是选择出走赚外快。可这几个人又没有单独撑起一家机构的本事，于是就在各个补习班之间游走，同时替几个人卖命。郑玉不要求她们每天坐班，但每人每周至少要带两节课，连带郑玉一共八节，这样才能把双休时间填满。郑玉给他们薪资待遇不低，他们没理由不同意。

郑玉招学生没花什么气力，得知这位学科带头人辞职办班之后，好多过去和她打过交道的家长都主动打电话联系她，无比恳切地向郑玉表示，"孩子只有交给小玉老师自己才放心。"其场景，颇似被后世颂扬的刘玄德白帝城托孤。同事们暗中介绍的学生数量也不少，这些人看似是慕名而来，实则是有人刻意引流的结果。当然，介绍人也得到了自己应得的那一份。不过郑玉的终极撒手锏还是自己过去积累的名气，作为市里唯一一所省重点高中的前英语教研组组长，郑玉在招生时完全没有回避这一点，甚至她们的招生横幅上都明晃晃地表示——这是重点高中里的名师及其同事一起办的培训班。郑玉耍了个小手段，让千百位家长觉得她的补习班里都是和她同级别的老师，一时间给人营造出一种"群贤毕至"的错觉。

在名师光环和过往光鲜履历的映照下，郑玉的开班仿佛开了远光灯，波长所到之处为其他机构所不及，过程顺利得让人有些难以置信。仅仅两个月之后，机构里的学员数量就成功破百，光是补课费，郑玉就收了20多万。此时的她索性火借风势，又租了几间教室，招了多位老师，让自己的培训之火越烧越旺，把该市的天际映得一片赤红。

故事行进到此处，一切都是那么美，那么艳丽，那么生机勃勃，天地人都是最佳姿态。机构的创办者和操盘手郑玉志得意满，甚而有些得意忘形，过去为生计所忧的公办教师不见了，取而代之的是物质和精神层面双向独立的新时代女强人。自己的选择是对的，摘下镣铐，自己就是顶级的舞者，可以跳到任何想要去的地方！

7

辞职一年以后，旧同事的学生输送工作仍在继续，郑玉的名师光环也丝毫没有黯淡，她就像是被小孩儿扔在地上的冰棍儿杆，不断吸引着对甜味极其敏感的蚂蚁前来汇聚。

机构中的学员数量突破300名那天，办公室里一片欢呼雀跃，郑玉也很高兴，当晚她把机构里的老师和在学校里暗中出力的同事聚在一起，大家在餐厅吃了个饭。饭桌上老师们轮番称赞郑玉的"丰功伟绩"，郑玉一边谦虚地表示这是集体的功劳，一边用微笑淡然受之。这时有位老师突然问了一句，"我们的郑大校长恐怕不会满足于手下只有区区300名学生吧？"郑玉还没回答，便有人接话道：

"我们玉姐是要把补习班办到美国去的，教美国人说英语，还比他们说得好，气死这帮美国佬。"众人闻言哄笑。"那我主动提出做玉姐美国分校的执行校长，玉姐什么都不用操心，一切都由我代劳了。"笑声还在继续，可如果有人在觥筹交错间留心郑玉脸上的表情，就会发觉她原本发自内心的笑此时已被皮笑肉不笑所代替。这话戳到了她的禁忌。

郑玉很喜欢这样一句话——我的肉身和灵魂是全然自由的，只由自己管控。这也是她讨厌学校年级主任的最重要原因，对方老喜欢在她面前指指点点，教她做事。而郑玉的人生信条是，把事情做到极致，顺便教别人把事情做到八成。在这种信条的驱动下，郑玉自小便事事争先，当最好的学生，读顶级的语言类大学，进入全市最好的高中教书，成为校内最好的英语老师……以及她现在正在做的，朝最好的培训班努力。为什么她要当老师呢？因为当老师可以教人。为什么她要自己办培训班呢，因为办班可以任其随心所欲地教人。在郑玉看来，这家培训班是自己的，自己有能力在统筹一切的同时顺便将它发展壮大。它需要另一位管理者吗？自己需要有人分担教学以外的工作吗？郑玉觉得不需要。学校不需要所谓的常务校长、执行校长、财政主管，它只需要一套郑玉搭配授课老师的班底，足矣！秉持着这种想法，郑玉自始至终都没有提拔一位副手，某些喜欢向她建言献策的老师，不是被警告就是被直接请走。后来学员规模扩充至几百人，郑玉感觉有些分身乏术之后，索性暂停招人，先把这部分学员消化，再另做打算，总之不能让机构越出自己的管控之外。

不只在管理层面喜欢"一言堂"，郑玉的触手还伸到了教学层面，她喜欢用自己编的讲义，同时也硬性要求别的老师使用她的讲义。对于某些平庸的老师而言，郑玉此举正好能帮自己省事儿，可有能力的老师则不然，他们在教育行业浸淫多年，早已养成独树一帜的授课习惯。让他们屈尊做郑玉的影子，他们学不来，也无法接受。对于这部分人，郑玉的态度是，要么服从命令听指挥，要么请你另谋高就。于是，一个不回头，一个不挽留，郑玉的身边自始至终没能留住哪怕一位可以在教学业务上可以和她分庭抗礼的老师。而这正是她想要的，求仁得仁！

8

在变幻的生命里，岁月才是最大的小偷。它有一双无形的手，能够攫住一切我们珍视的东西。美人被它偷走容颜，君子被它猎取品德，知识分子被它抽空独立性，尽管事后巧慧者会以"白发戴花君莫笑，岁月从不败美人"这类话加以粉饰，但被盗取的东西，并不会因此而回归自身。郑玉被偷走的东西是在校期间积聚的光环和人脉，换言之，是她过去所仰仗的一切。整个偷盗过程，大约持续了两年时间。

郑玉并不清楚她的那些老同事是从何时起不再帮自己招生的，学员依旧进进出出，郑玉以为还有她们的功劳。直到某天助手递给她一份该月度的新学员名单，她才从那份简短的名单中嗅出事情的不对头。"上个月的提成都给了吧？"郑玉问，这种没有技术含量的事，她一向是交给助手处理的。"已经有两个月没有人领提成了，您的同事并没有帮我们推介学员和老师。"助手如实作答。郑玉听完之后心中暗叫一声不好，一定是自己这半年来太忙，忘了例行公事般的"友谊建设"，才惹得她们不快。于是她开始一个个的打电话，向她们发出邀约，名义是做美容，她请客。让郑玉始料未及的是，几个人居然纷纷选择了拒绝，而且给出的理由大同小异——最近有省里的领导要来视察，学校要忙的事太多，实在抽不开身。之后还以"赔不是"的口吻补上一句："下次再约。"当郑玉以开玩笑的口吻和她们说，最近你业务上有点懈怠的时候，她们赶紧向郑玉道歉："对不起啊大玉，最近上面查得太严了，我就暂时收山了啊，等政策放宽，我再来帮你。"要照平时，这个理由是可信的，可几人的说辞和语气实在太过同出一辙，不容郑玉不起疑心。于是她托人打探了一下情况，反而和她同事说的正相反——当地教育局为了冲业绩，在这半年内适当放宽了办班的尺度。在职老师们纷纷有了动作，胆子略小者以家作大本营，搞起了小本经营；胆子偏大的开始和机构合作，扮演起以教育做武器的赏金猎人；胆子最大的则如同过去的郑玉一般，自己办起了成规模的培训班。

　　事情到了这一步，郑玉已经猜出七八分，但她还是希望能和这几位老同事好好聊聊，毕竟大家都是求财，利益勾连，就还有商量的余地，自己甚至可以再让一步，提高一下她们的推介费。所以她给其中一人打了电话，说要出来见一面，对方回答说正在学校里坐班，见不了面。郑玉等的就是这个回复，既然你们不见我，我就去见你们！放下电话的郑玉发动了车子引擎，一路向学校的方向驶去。

　　郑玉赶到学校的时候，还没到放学时间，所以她想先逛逛学校，再去英语教研组的门口等那位老师。可当她把车子停在学校门口的时候，门卫却出来让她把车子挪走。"你不认识我吗？我是小玉老师。"一句话说得对方以为自己搞错了,就盯着她的脸瞧了好一阵儿,"你是哪位小玉老师?""我叫郑玉。"门卫回去翻看教师名册,最终确认,查无此人。而学校规定,外校人员不许把车停在校门口,也不许在上课时间进入学校,郑玉只得把车开走,转而停在一家便利店门口,为了不招致老板反感,她还特意进去买了盒口香糖和一瓶水,并简单和老板聊了几句。"您认识我吗,老板?"郑玉试探性地问道。"看着面熟,不太敢认。""我在这所学校教了五年书,前两年离职的。""哦,怪不得,我是一年半之前在这里开的店。附近这几家店,好多也都是新开的。""学校变化蛮大的哈?""看着是没啥变化,但领导班子去年换届了,毕业生也送走两届了。"

最后这两句话让郑玉有一种恍如隔世的感觉,对哦,两年时间,物是人非,一切都变了。曾经那一张张熟识的面孔连带着自己过去在校园中留下的印记,被岁月吞没。放眼整个学校,认识她的人少了,她认识的人也少了,余下的几个光阴见证者,貌似也无意在未来的日子里,和自己产生交集。时移世易,自己早已变成局外人。但既然来了,该见的人还是要见,要说的话还是得说。哪怕是告别,也要掷地有声。

放学铃一响,郑玉就和好多家长一道涌进了校园。两年未踏足这片土地,她脑子里的活地图还在,凭意识轻而易举地就找到了过去的教研组。她敲门进去的时候,发现多位前同事正聚在一起侃大山。看见来人是她,气氛瞬间变得严肃起来。其中某位郑玉昔日的故友,甚至有些显得手足无措,站起来不是,继续坐着也不是。约略停顿了几秒,才有人招呼郑玉坐下,用纸杯给她倒水,郑玉则摆手表示不必麻烦，自己把话说完就走。

　　几个人都清楚郑玉的来意，事已至此，也觉得没有继续隐瞒的必要，就和郑玉吐露了实情。原来，这几个人里的其中一位也办了培训班，正在起步阶段，急需学员的渗入，所以另外几人手里的资源很自然地就向她倾斜了。向郑玉解释的过程中，几个人互相圆话、扯谎，其场景，就像几个男人合起伙来帮自己的好哥们儿骗他老婆。人家才是一伙的，你只是外人，郑玉嗅出了其中的潜台词。她心中突然涌起一腔遭受背叛式的酸楚，但还是送上祝福，并且大方地向对方表示，办班过程中如果遇到什么困惑，欢迎随时向自己请教，自己一定知无不言言无不尽。她自觉当时的仪态很得体，但明眼人都看得出来，她在佯装大度，在掩饰，在死撑。之后，双方又说了一些无关痛痒的闲话，郑玉便以公务繁忙为由告辞，几人送她走到楼梯口，互道再见。可她们彼此都清楚，纵是再见，也是两世为人，哪有一对直接的竞争对手，能真正做到一处把酒话桑麻呢？

　　失去了最重要的招生渠道之后，郑玉一直试图在多个学校中培植起自己的招生网络。可结果总是不尽如人意，郑玉觉得是"佣金"定得过低，对老师们的吸引力不够，所以后来多次提升额度，但收效甚微。其实真正的原因是，远离在职教师队伍的郑玉，已经被老师们视为"异己分子"，教师集群中的编外人员。而一个外来者，想深入腹地，凭空分一杯羹几乎是不可能的，你多喝一口，就会有人少喝一口，谁肯吃这个亏呢？所以尽管郑玉许诺的提成不低，但绝少有人愿意为了钱财而出卖"组织"，毕竟他身在集体之中，集体的蛋糕变小，分到他嘴里那块也很难变大。当然，在职教师内部在办班时，为了争抢学生和帮手，互相倾轧的情况时有发生，但人家那是关起门来打架，与"前在职教师"郑玉毫无瓜葛。她想在狮口夺食，狮群就会一拥而上，把她撕碎。

除了被教师队伍忽视以外，过去唯郑玉马首是瞻的家长，态度也在悄然发生变化。有一次郑玉想增设一个班级，需要重新租两间教室，就打电话给之前帮自己租过房子的那位家长，请他帮忙。结果，不止原来的主动请缨不见了，就连做人最基本的诚信也荡然无存。对方很爽快地答应了郑玉，可事后根本没有把事情放在心上。经过几天杳无音讯的等待之后，郑玉打电话过去探听情况，结果对方一听是她，很粗暴地挂断了电话，气得郑玉飙出了平时少见的脏话。

人走茶凉的悲哀和无助，郑玉从这时起算是真切地感受到了。在这之后，她不再寄希望于过去的资源和人脉，决定努力走出一条新路。

9

在办班之后的很长一段时间，郑玉都没有在机构的品牌打造上花过功夫，因为此前的路走得实在是太顺了，学校原来就像她家的后花园，她想要玫瑰，就会有人摘来玫瑰，她想要月季，就会有人采来月季。可如今，过去依仗的后花园被收回，郑玉失去了最重要的生源地，她需要走出一条新路。

郑玉想出来的应对办法是树立讲师的个人形象，再利用"名师光环"招生，可就在这个时候，郑玉才恍然意识到，过去自己对一线教师的辅导实在是太少了。她患上了天才的通病——想当然地认为其他人和自己拥有同样的天赋。于是当她把自己做好的讲义甩给员工之后，觉得她们只要依照讲义上的内容按部就班，很容易就能把课讲得出彩。她失算了，绵羊披上狼皮，内里还是绵羊，改变不了自己弱小的事实。她精心制作的讲义，被手底下的人当作实际价值不高的花架子，同时也使她们失去了本色。就像一个刀客，突然被勒令用弓箭，理由是弓箭的杀伤范围更广，可最终他没能学会射术，也渐渐忘却了自己原本驾轻就熟的刀法。

现在摆在郑玉面前的困局有两个，一方面，机构的学员招收后继乏力；另一方面，教师队伍的水平难以让人信服，走不了华丽的名师路线。是该暂时维持机构的规模现状，对一线的授课讲师着力辅导，帮她们脱胎换骨？还是另寻打造品牌影响力的方式，扩大机构辐射范围，让新学员如潮水一般涌入？反复思忖之后，郑玉选择了后者。如果我的机构规模能够扩张到一定的限度，对好老师自然就有吸引力了，郑玉如是想。此时她已经选择性地忘掉过去——自己是如何坚持对方采用自己的讲义，与多位业界精英失之交臂的。人一辈子会说几万句谎言，其中一半是讲给自己听的，此所谓自我安慰式的自欺。

为了打造机构品牌的影响力，郑玉"屡出奇招"。第一招是更换机构前面的横幅，把所谓的"名师办班"撤走，取而代之的是过去历年学员们的提分情况，变梦幻泡影般的名气为实实在在的效果。第二招是换掉机构的广告牌，把机构的名字直接改为"郑玉教育培训机构"，其中郑玉二字被着重放大，有心的助理还特意把广告牌做成了灯牌，日夜闪烁不休。郑玉看了之后觉得有失体面，换作平时，她肯定马上勒令换掉，再把助理"鞭策"一顿，可如今是特殊时期，只能特事特办，这招土是土了点，但而今之计，让别人记住自己显然更为重要，就随它去吧。从此，这座城市多了一道靓丽的风景，郑玉二字在闪烁的霓虹中间映入行人眼帘。第三招是铺天盖地的传单攻势，以郑玉教育培训机构的财力，若是找个冠名商为自己摇旗呐喊，恐怕光是冠名费就要郑玉拿出棺材本，而印传单的成本显然要低出一大截。另外，郑玉还特别交代，这次的传单攻势主要是走量，不必选用太好的纸张，也无须请专门的广告公司帮忙设计，只要找家打印店，在传单上体现出"郑玉""提分""英语"这几个主要元素就行了。印好传单之后，郑玉戴上墨镜和口罩，开始带着老师和助理几人在几个学校之间流窜派发。一时间，"郑玉牌"传单如片片雪花洒落人间，郑玉成了被环卫工人问候次数最多的人。

三招全部祭出之后，郑玉便安心地坐在机构里静候佳音，她甚至把印钞机都搬到了办公室，免得收学费的时候出差错。可半个月过去了，一个月过去了，机构并没有发生她料想中的变化。其间她倒是接到过几个电话，是几个学校的校领导打来的，未经商议，他们便口径一致："郑玉校长，您无节制派发传单的行为已经严重影响到了我们的校园环境和学校秩序，特此警告，下不为例。"放下电话的郑玉百思不得其解，自己明明种的是草，为什么没有招引来鲜嫩的肥羊，反而惊动了牧羊人呢？

其实站在局外人的立场看，郑玉的几味灵药失灵也在情理之中。首先，她自以为"提分"是吸睛利器，殊不知这是教育培训市场反复使用的"回锅肉"，对家长和学生来说早已食之无味。每家机构都说自己提分效果好，可到底不过是一家之言，没有佐证，难以服众。其次，郑玉想用"别致"的招牌让人记住她的名字，再用郑玉二字把人勾过来，前一点她做到了，在很长的一段时间里，外出吃夜宵的人们都能瞧见她的名字掩映在狗肉馆、烧烤店和火锅店之间，与其余几家相映成趣。可记住了又能如何，郑玉还是郑玉，食客还是食客，她的名字没有那么大的号召力，只能让人浏览，不能让人为之驻足。发传单一事则有些黑色幽默的意味，凡事过犹不及，宣传起到预期中的效果就该打住，郑玉却想用狂轰滥炸加深大家对她的印象，可最终不遂人愿，反而招致各界反感。郑玉并不知道，在很长的一段时间里，自己成了校方、学生、家长、清洁工乃至学校周边商铺的公敌。他们对她的问候，每天够她打上几千次喷嚏。

10

一系列的品牌打造举措沉船之后，机构中的学员和郑玉账户里的余额开始以一种不可逆的趋势锐减。一时想不出办法的郑玉无可奈何，只好裁员、削减班级数量，力求维稳。最后她环视四周，发现除她之外，机构里只剩下五位业务能力卓越的老师和区区百名上下的学生。历尽千帆之后，她似乎又回到了最初的起点。不过郑玉从不因局势困顿而衰颓，一个人的班她带过，十几个人的班她带过，几十个人的班她带过，上百人的班她带过，几百人的班她也带过。她自认此前站好了每一班岗，今后也将如此。她决心带着这五位"江东子俊"，卷土重来。而如果想实现这一目标，就要保证课堂效果。此时的郑玉已经被过去走的弯路伤了心，老师的授课水平和学生的提分效果才是一家教育培训机构的命脉，郑玉如是想。

郑玉对学生一向苛刻，在她手下，没有娇嫩的花朵，只有戍边的白杨。抱定了东山再起的念头后，为了保证培训效果，她的苛刻程度日甚。过去在整个机构中，只有她亲自带的两个班，是实行狼性教学的，她带的班级，成绩也一直名列前茅，无论在职期间还是办班时期都是如此。郑玉打算把这种模式复制，不过方法不是过去的分发讲义，而是将几个班级整合成两个大班，由她亲自授课，其余老师则和学生一道，坐在下面听课。郑玉觉得这种方法不是长久之计，但它能让机构里的老师和学生同时受教，等到几个课时以后，老师们学到自己功力的一鳞半爪，自己再脱手，放弃一肩挑的课堂模式。也就是说，她在拿现在的班级做实验，老师、学生包括她本人都是实验品。

课堂改制之后，绝大部分家长和学生都没有异议。作为近距离接触郑玉的人，他们很信服她的实力，觉得这次改革，算是送给自己的福利——价位没变，机构里最好的老师亲自耳提面命。在过去，郑玉的"精英班"可是高收费的，而且要对报班学生的成绩进行严格考核。可几位交了精英班学费的家长却找上门来，他们觉得此举抹平了精英班和普通班的区别，自家的孩子不再是"天之骄子"，自己额外交的钱也打了水漂。郑玉清楚他们的来意，却无法理解他们的思维，他们有失去什么吗？讲课的人不还是自己？最让郑玉无法理解的是，这群对教育全无理解的中年妇女怎么敢质疑自己的决定？她们以为培训班是菜市场吗，意见不合还可以讨价还价？

面对来势汹汹的家长，郑玉自始至终一步不让，她以批评学生般的口吻告诉那几个人，这是学校全体教师的共同意志，如果谁有意见，可以选择退课，但学校绝不会为了某几个人而妥协。她这么一说，几个家长也急了，"退课就退课，又不是只有你们一家培训班，一个老师而已，摆什么范儿？"双方最后不欢而散。晚上下班之后，郑玉一个人躲在房间里生闷气。家长公然顶撞她，这是头一次，"一群外行质疑一个内行，实在是太可笑了，自己办培训班果然是对的，有些人确实需要受教。"母亲进来劝她，"算了吧，人家也是花了钱的。"郑玉把头扭向一边，"我是个教育工作者，安抚几个人的情绪不在我的业务范畴之内。"

这次的风波并没有对机构造成什么影响，毕竟郑玉的"新课堂"制度，是让多数人受益的。吃亏的不是自己，自己便只当看客，围观看戏便好，这是其他家长的想法。彼时的他们还没有意识到，两个月之后，自己也会成为群情激愤的退课分子中的一员。

快节奏催生不理智，眼见着机构日益缩水，内心焦躁的郑玉因为急于出成绩，所以在大班上对学生的紧逼比过去更甚。她不觉得有人会有意见，"你自己不想进步，我带着你进步，你还想怎样？"可现在的班级不比过去，过去她教的班级，群英荟萃，以尖子生居多，大多数人自觉意识和竞争性极强，就算没有郑玉，他们也绝不会怜惜自己，郑玉只不过是推动力，帮他们逼出最好的自己而已。大班里的大多数学生则没有那么舍得豁出去自己，"能提分当然好啊，可也没有必要搞得那么辛苦。"这是多数人的想法。所以尽管郑玉始终干劲十足，但手下的学生执行力实在不够，于是场面就像凤凰落进野鸡群，凤凰依旧是凤凰，野鸡仍然是野鸡。

"大班"制度实行两周之后，开始有部分学生掉队，他们找到郑玉，希望能从现在的这个班里退出，回到以前的学习状态，享受"岁月静好"，不再"负重前行"。郑玉被他们的自暴自弃气昏了头，说了几句重话。当晚，有几位学生家长找到郑玉，说郑玉的话刺伤了孩子的自尊，希望她能道歉。"果然只有愚昧无知的家长才能教出不图上进的学生。"这是郑玉甩给他们的话。此言一出，一石激起千层浪，双方在办公室里吵了起来，郑玉以一敌三，丝毫不落下风。后来还是其他老师出面，对家长进行了安抚，才把他们劝走，不过被安抚时间更长的，是郑玉。郑玉自始至终不觉得自己哪里做错了，"这些家长对知识一窍不通还喜欢指手画脚，他们的脑子长在哪里？"郑玉问出这句话后，迎接她的是其他老师长久的默不作声。

郑玉吵赢了架，失去了人心。她的言论被有心人记录下来，发到家长群里，所有家长或多或少都感受到了郑玉对自己的蔑视，于是他们开始追古抚今，把郑玉过去某些不端的举止挖了出来。"家长去见她，她从来不站起来接待，跷着二郎腿，比大爷还大爷。""我有一次问她问题，她居然和我说，您照办就行了，这个人的教养都被狗吃了。""听说她经常把别处的怨气转移到课堂上，对学生进行人身攻击。""听说她是因为和校长有一腿，事情败露，才被迫辞职，出来办班的。"……围观群众的议论从来这样，先是就事论事，再是造谣生事，到最后，则演变成一种共谋性质的言语暴力。不过此事因郑玉而起，就算她被群起而攻之，也不算是冤枉。

第二天，一众家长前来退课，助理建议郑玉出面道歉，"说不定还有挽回的余地。"郑玉则直接拿出银行卡，让她直接给那帮"刁民"退钱，"想让自己道歉，下辈子也等不到。"一瞬间，大半学员作鸟兽散，郑玉把自己的机构规模，净化到了仅靠自己就能消化的程度。

几天之后，她付给其他老师及助理一笔遣散费，让他们另投他处。"我这里水浅，养不得你们这些真龙了。"到最后一刻，她还是语气刻薄，半点不饶人。

11

两周之后，郑玉亲手送走机构中仅存的零星学生。在站好每一班岗这件事上，她从来没有食言过。后来她清空教室，摘下横幅，撤走牌匾，退掉房子，随之给自己放了个长假。

这是她参加工作之后第一次真正意义上的休息。过去办班的几年时间里，她做了好多本不想做的事，见了好多本无兴趣的人，吵了很多本无必要的架，失去了好多本该随自己入土的东西，比如说作为一名教职人员的尊严。过去她最看重的，后来被她亲手葬送。从不服输的她也觉得自己累了，需要停下来歇歇。

两个月之后，自认了解女儿的父母觉得她会重新开始。是的，她重新开始了，而且直接回到了故事的起点——她做回了一名普通教师，在别的城市。关于自己的培训经历，她从此三缄其口，就像一切从没发生过。

这个曾驾船出航的水手，在历经劫波之后，终于驶回最初的江海。从此，她把船交付给他人，"你们去冒险吧，我只想岁月静好。"

一段百味杂陈的人生至此宣告结束。

12

郑玉是一位几近完美的英语老师，但作为一家教育培训机构的创办者和操盘手，她离完美的距离则显得有些遥远。她的授课水平当然是一如既往的高，但在机构的规模扩张、品牌打造、一线教师的甄选和引导，与学员、家长的沟通相处等事宜上，她则显得有些有心无力。这不是郑玉一个人的困局，这是所有离职后办班教师的通病，他们中的很多人，都是讲课上的行家，其他业务上的门外汉。遗憾的是前期郑玉只顾着一路快跑，并没有低头留神自己的优劣所在，于是她的短板始终是短板，硬伤一直是硬伤。走到后来，光靠着一招讲得好，当然没法做到吃遍天。

韩信临死前高呼"成也萧何，败也萧何"，这句俗语用在郑玉身上实在是恰如其分。她早期的成事，用一句话就可以概括，即重点高中赋予她的名师光环。挂靠着这一光环，同事愿意为其提供生源，学生愿意慕名而来，家长愿意"忍她纵她"，于是郑玉的机构连带着她本人，迅速膨胀。机构是借了平台的光，郑玉则误把平台的光，当成了自己的光。

郑玉是被宠坏了的人，被人仰视在某一刻成了融进她骨血里的东西，风干成一种习惯。所以后来她从学校中离职，光芒渐渐黯淡，甚至到最后别人都看不到她身上的光了，她还以为那光仍在，她仍是过去的她。所以她才会心高气傲地"画地为牢"，从不与业内人士交流，才会强硬地让机构里的老师循着自己的授课轨迹讲课，才会把学生和家长视为自己意志的承受者。她根本无法想象他们会对自己有异议，毕竟曾经的他们是那么乖顺、驯从。

套用土木行业的话说就是，郑玉此前是甲方，是被众人围在中间巴结的对象，可之后时移世易，学生和家长变成了新的甲方，而郑玉的思维却是旧的，没能随着身份一同转换，于是最后一地鸡毛，惨淡收场。

不过对于郑玉这种聪明人而言，可能她早已意识到自己前后身份上的落差，只不过死撑着不肯承认而已。归根结底，她还是不肯丢掉所谓的——尊严。而商业巨子李嘉诚曾经说过，在成功之前，尊严一钱不值。太过执着于尊严，很多时候也就相当于主动将成功拒之门外。

一时一地的尊严和长而久之的显荣，哪个更重要？这是一个问题。

五、被"创办者"榨干的机构

——资金耗尽即代表游戏结束

1

付佳创业的原因很简单，玩腻了。

他从高中就开始玩，仗着有父母这个巨型提款机，甚至玩出了国门。在留学生的圈子里，和他来往的都是背景差不多的富二代，玩法也大同小异，接连不断的聚会，一辆比一辆炫酷的跑车，这些装点，让他的青春岁月充斥着浓重的金钱味道。回国之后，付佳以为可以继续沉迷其中，却发现攒起一个局变得比想象中要难得多。那些曾经和自己同进同出的富家子弟，纷纷穿起了西服、打起了领带，不是进入家族企业上班就是自己撸起袖子创业。扔给付佳一句"小爷我要玩儿更高级的了"，就一头扎进了创业的洪流，剩下付佳在酒吧"一人饮酒醉"，像是一个拿着过时玩具、怎么也找不到玩伴的小孩儿。

付佳有点生气，他从没被人看轻过，作为家中独子，从小予取予求，长大后狐假虎威，在游戏人生的道路上一路狂奔。殷实的家境，加上伶俐的头脑，让付佳在他的圈子里一直是佼佼者，不过有长辈评价过他：机灵有余，沉稳不足。付佳始终觉得人生在世，要及时行乐，所以前二十年，他浪荡得理所当然，在消费和享乐方面可谓花样百出。可现在，情形发生了不小的变化，他发现，没人陪他玩了。付佳看看周围，肯陪他的都是那些有求于他的人，个个顶着谄媚的嘴脸，把他当孩子哄。总的来说，付佳在"游戏场"里，再也找不到一个分量相当的玩伴了，让他感觉自己成了被落下的那个。

他付小爷什么时候被人这么嫌弃过？想到此，付佳不由生出一股火。

第一，他过去一直是"领头羊"般的存在，现在手底下几头只会咩咩叫的羊，一反过去跟在他屁股后面吃草的无能样子，居然叫嚣着要超越自己奔赴新的草原了！这让付佳觉得自尊心和领导地位被挑战。第二，这几年的日子确实过得很乏味，如果把过往的经历做成PPT，估计他的PPT只有三张——"吃、喝、玩"，然后循环播放几百遍。腻了吗？腻了。

不就是创业吗？谁不会似的！想当年学校里最大的华人社团就是他付佳创办的，他因此结识了不少优秀的学长学姐，甚至和一些校领导都有过接触。他出身富裕，眼界开阔，想法超前，这都是创业的必备素质。对付佳来说，过去二十年是花钱玩儿，现在是挣钱玩儿，本质上都是玩儿，殊途同归，没差别。创业不就是一个真实大型野外生存游戏吗？他一个人民币玩家，就算技术不行，也能靠各种"氪金装备"坚持到最后吧。

付佳爸妈听说付佳要创业，都以为他是在开玩笑。因为他们的计划是，等付佳玩够了就把他安排进自家公司历练几年，之后找一个门当户对的姑娘结婚，两家不说强强联合，起码也得是珠联璧合。然后付佳就可以一边家庭美满，一边当上公司高管，这才是人生赢家该走的路。现在付佳想创业，理性来分析，不是不可以，父母的江山可以给他，但如果他有才干，自己打下一片江山也未尝不可，只是很明显，现在还不是时候。知子莫若父，付佳爸爸虽然对现在年轻人创业热衷的直播、娱乐领域研究不深，但是他纵横商场多年，深谙其中道理，无论什么时代，洞察力、魄力、执行力等都是创业者们不可缺少的能力，而自家儿子身上，最突出的只有"消费力"，虽然有时候思考力还不错，但是永远只有三分钟热度，那个曾经风光一时的华人社团，不也因为付佳后来的玩忽职守而草草收场吗？付佳爸爸不认为付佳具备一名创业者该有的心态和实力，所以在创业资金方面没有松口。

有人不明白了，为啥付佳爸爸肯花钱让付佳吃喝玩乐，却不肯掏钱让他创业锻炼自我呢？在付佳爸爸看来，生活消费方面，他愿意给付佳最好的，因为人生在世，要及时行乐。但创业不是消费，是投资行为，一来金额巨大，付之东流未免可惜；二来，付佳从小养尊处优心思比较单纯，很容易被人误导，投资失败事小，惹祸上身事大。所以在付佳做好万全准备之前，他不会把这一笔钱交到付佳手上。

付佳没想到自家老爷子会在这件事儿上和自己唱反调，赌气一周没回家。还是付佳妈妈从中调和说，"只要你做好前期工作，做出来的创业计划书能入我们的眼，创业的钱，我们掏。"付佳妈妈向来说一不二，这话一出，基本上创业资金的事儿成了一半。付佳心里正得意，但又立刻冷静下来，创业计划书是个什么东西？付佳这辈子还没在论坛上搜过这么正经的东西，一堆堆的专业词汇往外冒，搞得他头昏脑涨，比宿醉之后还晕。可付佳是个倔脾气，有些事，他自己瞧不上，主动放弃可以，但你若说他不行，他偏偏要较劲做出个一二三来，还要把成绩堆到你面前，让你亲口承认他付小爷有才有智才罢休。付佳把自己关在屋子三天没出门，没日没夜泡在论坛上，才把创业的一些基础知识搞清楚。他还花了大价钱请了论坛上一位大神下凡给他做指导，最终决定把创业的领域放在英语教育上。这是高人综合了付佳的种种情况给出的建议。首先，国之大计，教育为本，家长对教育的重视程度日甚一日；其次，付佳从小上国际学校，英语还不错，加上在国外混了几年，最拿得出手的就是一口流利的英语了，这是创始人的创业优势，将来也可以作为招生亮点；再次，英语口语是国人普遍的短板，市场需求极大，付佳可以深耕口语市场，从竞争激烈的市场里抢夺一块蛋糕。

当付佳把做好的创业计划书双手呈上时，他父母看了之后一百个不相信是付佳自己做的，但是书中介绍的各种情况又和付佳很吻合，这就说明他多少也是用心了。所以付佳爸爸虽然还是不情愿，但是看着计划书上的内容，包括项目特点、竞争优势、管理模型、财务预测，还挺像模像样的，就没有再说反对的话，和付佳妈妈对视一眼，算是同意了。付佳看着老爸的态度，知道这钱，他拿到了。虽然老师给了一个具体的参考金额，但付佳私自又增加了40%。为什么？他付小爷既然要做就要做最好的，人员、装修、广告，都要做业界最顶尖的。所以除了拿钱砸，他想不出别的办法，不过还好，他最不缺的就是钱。另外这钱，爹妈虽说是给了，但算得上"一锤子买卖"，公司是死是活，全凭付佳的造化，后期绝不追加投资。既然话都放出来了，付佳当然要尽可能多要一点。

2

付佳拿到创业资金后，第一件事不是快马加鞭地选址、招聘，而是夺命连环call把之前几个哥们儿凑到了一起。他要向全世界宣布：小爷我也换游戏玩了！而且比你们玩得还高级，你们玩的那些，说实话，都是收割大众的智商税，忒不地道，小爷我可是教书育人，助力祖国下一代的发展，功德无量啊。几个朋友也捧场，一口一个"付校长"叫着，听得付佳身心舒畅，好像世界又回到了他的主场。

等付佳玩够清醒过来，已经是几天之后，还是老妈提醒他，他才想起自己还有这么一档子事儿要做。英语口语培训，说干就干。创业计划书上把主营业务制定为一对一的外教口语，还有一个原因是，市场上已经有两家极具规模的英语专业培训机构，后来者实在难以从中分得一杯羹，付佳只能另辟蹊径，走小而优的路线。

当付佳把这股子争强好胜放到创业方面，发现很多事情没有想象的那么难。在这场创业游戏里，付佳将自己全副武装，真金白银砸下去，打造了一个看似easy的模式。培训机构的办公室，要租临近中小学校且在成熟商圈里的，便于学生和家长上门咨询，装修要用环保安全的材料，照着市面上最贵的材料来；付佳还采购了一批最先进的多媒体教具，虽说他的机构都是线上教学，但这玩意儿拿出来就很唬人，碾压一众同行，也让付小爷脸上很是光彩；另外，这边员工还没招上几位，他便早早地把职工宿舍准备好了，在这座寸土寸金的一线城市，付佳的员工宿舍人均使用面积达到二十多平，厨房卫生间一应俱全，他的理由是员工们没有后顾之忧，工作起来才能给你玩儿命；付小爷连过去看不上眼的名片也搞了一套，不过他做的是工艺类名片，3D凹凸，需要单独制作模型，价格昂贵，成品还有一种石膏像的感觉，付佳对这个名片很满意，觉得别人一看，就能看出自己既有钱又有品。可是别人看来看去，都觉得他没脑子，年纪轻轻搞教育，靠着一时兴起冲进一个陌生市场，实力堪忧。

付佳很快对这种人做了回击，什么是实力？师资和服务啊。他自己确实没有教学能力和服务技能，但他可以花钱聘请最牛的老师和最擅长服务的工作人员，让有实力的人为他所用，这是不是也算一种实力？好比刘备，谁规定他一定要亲自上战场了？麾下有关张赵和诸葛亮，谁敢说他没实力？就这样，付佳充分发挥金钱的实力，把一家机构的外壳组装得差不多了，现在该请灵魂人物们闪亮登场了。一线城市最不缺的就是教育资源，付佳给出了极为丰厚的报酬，让国际友人纷至沓来。

付佳当时和大神沟通的时候想着，既然想做英语口语，什么大班授课、小班授课这种别人玩剩下的就都不考虑了，当然，即便你玩，也玩不过人家苦练十几年的高手，所以付佳才同意计划书中的一对一辅导模式。另外，他从爸妈拿钱的爽快程度上也能猜到这个模式起码听上去有点意思。付佳想做好这个模式，就需要大量的老师，现在的英语口语市场，主要的师资来自欧美和菲律宾，英美加等欧美国家的老师，英语地道流利，可以给孩子非常棒的文化体验，来自菲律宾的老师，英语是其官方语言之一，自然也是根基深厚，另外他们也较为严肃认真，可以给孩子多一些学习压力，关键的一点，他们的报酬要比欧美老师低廉。付佳也顺应了市场的大趋势，聘请了大量的欧美老师和菲律宾外教。付佳当然不缺钱，可以让手下清一色的都是欧美老师，但是他考虑到一些家境不太好的学生的实际情况，这样便可以让菲律宾老师带一些价位低的课程招揽一批上进但经济窘迫的学生，同时鼓励他们，成绩优秀的话，还可以免费升到欧美老师的班级。当然了，付佳是见过世面的人，他不觉得外国的月亮更圆，所以对待各国老师一视同仁，甚至有时候觉得有些菲律宾老师的业务能力比欧美老师还突出，但整个大环境都是这种观念，付佳也没做这个科普的必要。当家长们看到有这种免费升班的福利，自然铆足劲头鞭策孩子，孩子成绩上去了，一来是机构实力的佐证，二来也能在学生圈子里给机构做良性宣传。这让付佳更加觉得这个游戏简直是为他量身定做的，打到'王者段位'不过是时间问题。

付佳的自信不是空穴来风，毕竟这个世界上，钱可以解决百分之九十五的问题，很多创业者'中道崩殂'大多是资金问题，创业的大盘都搭不起来，空有雄心壮志难以施展抱负，而且一次失败后就很难从头再来。付佳不一样，哪怕这次前途未卜，哪怕进入这行略显草率，他都带着横冲直撞的热情和信心进来了，关键的是，还带着一大笔钱。这样的创业者不论结局怎样，开局总是漂亮的。

付佳创业的局攒得比聚会的局还要漂亮，最有竞争力的薪酬机制和福利制度让不少优秀的老师垂青了付佳的机构，碾压别家的名师噱头让不少家长蠢蠢欲动，一对一的教学模式更是让填鸭式教育下的学生露出了向往的目光。付佳只是稍稍动用了一点爸妈的人脉，宣传效果已经非常喜人了。初期课程一经公布，几天的时间，名额已满，看着学费入账，付佳简直要感叹自己是个商业奇才了。

3

成绩来得比预料中的还快。本来付佳的房租、招聘、装修各种费用已经让他的启动资金略显紧张，等到初期学生一入学，预交的学费让付佳紧张的神经一下子松弛下来，立马拿着学费去国外潇洒了一圈，回来的时候发现，已经有家长在咨询二期课程了。这不是拿着钞票送上门来吗？付佳再一次感叹，天才啊天才！而付佳的机构能在短时间内受到学生和家长的追捧，其实也不无道理，因为在英语口语的市场里，付佳的机构优势足够明显。

付佳为了打造这个优势，也是费了一番苦心。最后推出的一对一模式相当灵活和人性化，在正式上课之前，机构会结合家长要求和学生水平测试的结果，来匹配最适合这名学生的老师。而且匹配结果也不是一锤定音，三节课之后，经过短暂的磨合，由家长和学员的反馈意见决定是否需要更换老师。付佳还让职工们对学生和家长提出的要求，就算做不到有求必应，也要竭尽所能。而学生不仅可以在三节课之后提出更换老师，即便确定了老师，日后发现对课程和服务或者对老师有不满，也可在首次课程起一个月之内，再次更换讲师或者无条件申请退款。这无疑给不少家长上了双层保险，第一次不满意，给你换，第二次不满意，不仅可以换，您还可以拿钱走人，等于是让家长明白，这笔钱，还在你的兜里。在这个遍地是雷的教育市场，付佳一股子富家弟子不缺钱的作风，虽然在节流方面被员工诟病，但是在维护学生和家长满意度方面，颇受好评。

这还不是付佳机构唯一的优势。那些精英老师们的线上课程，支持视频回放，让学生便于课后总结和提升，这种自己全程参与且能无限回放的视频，简直是一个大杀器，都说当局者迷，学生通过视频回放可以作为旁观者评判自己的学习过程，从而轻易发现自己曾经忽略了的细节问题，好比一个演员表演的时候觉得自己的演绎天衣无缝，播出的时候却无地自容，觉得屏幕里的自己漏洞百出。这种自查和自纠效果明显，让学生直面问题，提高学习效率。

只让学生满意是不够的，那些家长才是付佳的"金主爸爸"，付佳也把这辈子最好的脾气全给了他们。处理纠纷的时候付小爷居然满脸堆笑，拿出过去从未有过的平和心态冷静解决。这让付佳深刻体会并总结了一个道理：有钱的人事儿很少，因为他们基本生活在有求必应的环境里，对周围的一切都比较和善；没钱的人事儿也不多，秉持着一种上进、包容、卑微的心态，往往对周围的事物照单全收；偏偏是那些有一点钱的人，对这个世界百般挑剔，既刻薄又世俗，好像全世界都要坑他口袋里的一点家底。而付佳机构的大部分家长偏偏都是这类人。付佳受不了这类人的百般纠缠，干脆大手一挥，在退费制度宽松的同时，在教学反馈方面也格外严谨。他强制要求机构中的精英老师们，每节课结束之后，都给家长发送孩子的上课反馈和成绩报告，后来甚至制定了反馈报告的模板，内容极其详细，让家长无可挑剔。没想到付佳"息事宁人、严格律己、不留把柄"的做法，意外地受到了追捧，不少家长热情地表示，说上辅导班这么多年，第一次有机构把反馈机制做得如此完善。这也让付佳的机构口碑一路走高。

付佳也明白，机构能发展壮大，最核心的力量就是他的教师团队。付佳第三次佩服自己，深谋远虑、高瞻远瞩，早早摸清了一些家长的心态，因为课程价位不等，可以满足不同收入家庭的消费需求，而且还提供"优秀学生"免费升班，老生续费超过半年也赠送高端课程的福利。加上付小爷豪气万丈的福利待遇，不少有头有脸的名师也加入他的团队，还有付佳本身的圈子也人脉广布，付佳的机构在综合力量的推动下，已经在竞争激烈的教育市场意外地开辟出一方天地。机构高歌猛进，付佳的创业游戏算是首战告捷。

作为创业菜鸟，付佳的成绩在富二代圈子里还算不错。相比那些进入家族企业之后，成绩平平的哥们儿，付佳因为创业小有所成，话里话外都透着不可一世的味道，什么"躺在祖上的钱堆儿上有什么意思，男人还是得自己出来闯荡""别把创业想得太高端，跟玩游戏似的，选好装备和路线，组好队友，对面来一个解决一个"……付佳的傲慢和轻狂在创业之后，更加突显，可是付佳的圈子里全是同类人，大家轮番嘚瑟，"变着法儿作死"，今儿你搞到一笔小钱，我吹捧你几句，明儿你大亏一笔，我损你几句，反正大家家底都厚，经得起折腾，忠言逆耳那一套，他们反倒觉得虚伪。所以朋友中没人真心实意地给付佳提出发展建议，大家凑在一起就是图个乐子，吹牛带上我，搞事业就不奉陪了。

付佳身边没有给他提出发展建议的朋友，那么父母呢？在付佳父母看来，付佳的创业游戏玩得风生水起，完全是意料之外。虽说当时看了创业计划书，算是给他把了一道关，但关卡背后还有数不尽的难关，他们对自己儿子的能力颇为了解，所以那笔创业资金他们本就没想着收回来，只想看着他怎么把这笔钱玩出花样。但如今的机构发展情况，算是一个小惊喜。不把自己搞得声名狼藉，是付佳爸妈对他的唯一要求。

朋友和父母都对付佳无欲无求，但付佳有没有严格律己呢？答案当然是没有。随着付佳的机构步入正轨，付佳身上随之成熟的不是他的经营理念，而是消费心态。过去的付佳，虽然花钱从来不手软也不心软，但是怎么也算是手掌向上伸手要钱的身份，老爸老妈一个不开心就能停了他的生活费，让他看似潇洒的生活里还有那么一点点的看人脸色，就算这个脸色来自亲生父母，但也是受制于人。

天生放荡不羁爱自由的付小爷，最讨厌受制于人了。所以机构盈利的同时，付佳身为一个成年男性的自尊心和独立意识也被唤醒，这意味着他今后可以自给自足了，他可以肆无忌惮地花自己的钱了，他的提款机从父母变成了自己的培训机构，这让他在父母面前摇身一变，从一个没长大的纨绔富二代，变身为生财有道的创一代，说话做事都变得中气十足。这种经济上的全面解禁，让付佳在消费方面变本加厉，这种苗头刚出现时，付佳妈妈就"无意中"提醒过他，机构还在发展阶段，方方面面都需要用钱，但他作为机构的创始人却开始公款私用，要注意影响。可被机构的一时繁荣冲昏头脑的付佳，转头就把妈妈的话抛到脑后，又投入自我成就的快感里。

4

　　付佳的愈加张扬是有底气的，因为机构在他宽松政策的指导下，居然达到了六千万的年营收，这已经远远超过了朋友甚至他自己的预期，让付佳有点飘飘然，也让他忽略了繁荣背后，悄然出现的一些不良信号，比如过多的运营投入。要知道付佳不仅舍得在自己身上花钱，还舍得在机构上花钱，他的大手大脚在机构内人尽皆知，这在招生方面展现得相当明显。当付佳发现靠自己的人脉和初期生源的口碑发酵，已经达不到他预期的生源增长速度的时候，他想的第一招是，招人，招专门负责招生的课程顾问。人事部主管想说说不同看法，但是想到了付佳的一贯作风，就把招聘人员的成本和招收学员的成本那一套算法憋在了心里。他以前也不是没有跟付佳说过，可付佳哪管那些。消耗、净利润那套，付佳从不上心，每次都是一句话"你想要多少钱，你能给我做出什么成绩来?"一个外行老板是相当要命的，如果不是看在他开出诱人薪资的份上，人事部主管早就辞职八百回了。对于付佳下达的任务，他也没有讨价还价的份儿，只管领命就好了，反正付佳自负盈亏。他懒得说，付佳也懒得听。

而人事部主管没有说的话，就是付佳机构的人员招聘成本猛增，却没有带来相应的收益。业界培训机构达成的一个共识就是线下招生成本越来越高。一些宣传用具，比如小礼品、传单和广告牌，不要小看这些东西，现在引流一个客户进店的花费在二三线城市都达到了两三百，而付佳所在的一线城市，更是高达五六百。仿佛付小爷轻轻松松一句"招人"就可以破解生源困局，却不知那些课程顾问不一定能招来学生，而他们的工资从第一天入职就已经开始计算了，那么一个课程顾问招来几个学生才能和招生成本持平、招几个以上才能让机构赚钱，这都不在付佳的考虑范围之内，他只想要机构人丁兴旺、全员出动的繁荣景象，才不去想这华美的旗袍背后，是不是有虱子。

所以当课程顾问已经坐满办公室的时候，付佳才隐隐觉得哪里不对。付佳只是不愿意去思考深层次的复杂问题，但是摆在明面儿上的问题，他还是要解决的。如为什么课程顾问一波接一波地招，学员还是不见多? 为什么账面上只出不进? 他还等着钱去买早就相中的车呢! 到了这时，人事部主管这才联合市场部主管把这里头的门道给他解释清楚。付佳看着这俩大活人在他眼前一唱一和演双簧，觉得他们在推卸责任，因为付佳怎么也不肯承认是自己的大政方针出了问题。事已至此，付佳懒得秋后算账，也担心追责追到自己头上不是让人看笑话？索性不再追究，可是招生的问题还是得解决。

　　付佳没有什么奇能异术，接着砸钱吧。不过这次，付佳开窍了，他一个线上教学机构，搞传统招生那一套有点使不上力气，还是要把大力气花在线上招生方面，人力成本再贵，我不用不就好了？而且在一线城市，网络招生的高覆盖率和高效率是有一定优势的，付佳稍微在行业论坛一搜，几个教育类平台就跳出来了。几乎像发现了新大陆一样，付佳再次大手一挥，入驻教育平台！

　　在自家成为大品牌之前，入驻名气更大的教育平台，通过平台包装和用户推送为机构引流，是很多小机构的招生策略。但是要知道，这些平台不是免费的。在一些大的平台，比如上海的某著名平台，机构入驻一年的基础费用就达到了三万元，而引流效果只能各凭本事。至于那些泛用户的平台，比如美团和大众，也有几千到几万不等的入驻费。至于再小一点的平台，费用虽然低，但是本身没什么名气，机构实力也不够强大，入驻了干吗？抱团取暖吗？所以基本没有入驻的必要。总的来说，入驻一些大平台帮机构引流是线上招生的一大策略，但进入门槛就是一笔不算小的开支。

　　当然了，付小爷财大气粗，那些平台打包入驻都不在话下，所以付佳的机构风风火火地入驻了几乎所有叫得出名字的教育平台。

　　如果只是入驻费用，还不足以后来让付小爷暴跳如雷。就在付佳计划着什么时候学生大量涌入、账面数字不断增长、自己喜提新车的时候，机构却还是那副老样子。付佳纳闷了，钱也烧了，怎么连一缕烟都看不见呢？后来他找到了原因——即便入驻了平台，不烧流量广告，还是用户寥寥。打广告、排名次才能让自家机构碾压别家。付佳的求胜欲又一次找到了用武之地。这个流量排名通俗地说，就是花钱买存在感，你家机构一个月花五千，那我就一个月一万，保证我家机构的曝光率比你高，广告位比你大，至于引流效果是不是有了质的飞跃，先暂且不论。值得一提的是，在这场流量的竞赛中，单个用户进店的成本被推到了一千元，甚至超过了传统的招生成本。在流量游戏玩到一半的时候，付佳就觉察出这一点，可他骑虎难下，他可不能让平台上一个刚开业半年的小机构在广告位上盖过他的风头。包括后来的一些差不多量级的机构，付佳也绝不肯在花钱就能赢的游戏里输了面子，所以他在这场烧钱的流量大战里投入了不小的财力，也在同行那里狠狠地刷了一波存在感，让那些后入行的人，知道了行业里有这么一位砸钱不手软的付小爷。至于这场烧钱大战最后的结果如何，好像也不那么重要了。

事实上，结果也确实不如人意。和付佳线上的风光不同，回到线下，付佳的机构依旧是不温不火的老样子，甚至有点下滑的趋势。最直接的表现就是资金，因为付佳一掷千金的烧钱大战，机构资金已经有点捉襟见肘，这是财务部主管硬着头皮告诉付佳的。机构内所有人都是干一天领一天的钱，觉得万事有付佳这个扛雷的老板冲在前头，大不了就是机构倒闭自己走人呗，但是看付佳永远一副大手大脚的悠闲样子，而且自己的工资也不低，想那么多干吗，干好自己的工作就可以了。在这种情况下，财务部必须冲在前线了，他们是可以直接感受到机构盈亏的部门，账面上的收入支出就是最直观的体现，所以他们也最早感受到了危机，于是财务部主管不得不捅破这层天下太平的窗户纸，告诉付佳，机构好像开始亏了。

付佳一开始不信，可是当财务部主管把报告一条条解释给付佳听的时候，他才发现，自己的个人支出占了机构支出的一半。财务部主管也知道，但是表面上还得秉着公事公办的态度做汇报，潜台词已经非常明显——再这样下去，机构怕是撑不了多久。这算是一个小小的提醒，目的是想让付佳稍微收敛一些。

付佳也不是傻子，当然能听出主管的弦外之音。他难得地没有发脾气，因为通过这个财务报告，付佳难得有点慌了。不可能啊，自己再怎么挥霍无度，有这么大的机构给他当钱包，也不至于说空就空吧。机构如果倒了，他不是又得回到爸妈身边，过上伸手要钱、受制于人的日子了！这么一想，付佳赶忙摇头，不行不行，得好好规划，车先不买了，保住机构要紧！直面机构的危机，付佳第一次有了收敛之意。

5

付佳才刚有点浪子回头的意思，就迎来了一个大挑战，这个挑战来自之前线上的流量大战。付佳没想到，砸了那么多钱，收到的正向效果不如意就罢了，没想到还给他扔来个大炸弹。也许是之前付佳在大战里风头太盛，让竞争对手正面刚不过，就动了小人心思，雇了几个水军，在付佳机构的评论里轮番给差评。这种差评虽说撼动不了机构的根基，但却让线上本就冷清的机构变得愈发无人问津。付佳一页页地浏览着这些差评，整个人早已呈暴走状态。养尊处优的付小爷第一次见识到恶性竞争的无耻，更可气的是他对这种低段位的手法无计可施，总不能以牙还牙，也给他们来这么一出吧？关键付佳也不知道朝自己下手的是哪家机构，毕竟前一阵子实在太过招摇，现在人家躲在暗处放冷箭，你只有受着的份儿。

付佳这边被整得气儿还没喘匀，那边又出幺蛾子了。有家长给教育平台投诉，说付佳的机构虚假宣传。付佳觉得这又是来黑自己的水军，撸起袖子抄起键盘就要和他们理论，可员工再一次慌忙拦下，说这个好像……真不是水军……

付佳这才发现，这个投诉的家长是奔着"成绩优秀学员免费升级"的宣传点来的，但孩子本身学习水平不错，于是机构给孩子匹配了一个口语水平很高的菲律宾外教，据外教给的学习反馈，孩子本身已经到了一个不错的水平，所以短期内很难有非常明显的进步，毕竟六十分到九十分容易，但是九十分到一百分就困难多了。这种情况下，外教依旧很用心，让孩子在英语口语的习惯用法等细节方面得到了扎实的进步。孩子很满意，可家长一直惦记着"升级"的事儿，仗着自己孩子成绩还不错，学了一段时间就申请升级，问工作人员，我家孩子的成绩可以给匹配一个欧美老师了吧？这种家长的意图非常明显，先报一个低价位的菲律宾外教的课，经过多方考证，孩子成绩不错，然后就申请免费升级，让孩子去上高价位的课程。可问题是，孩子的水平没有明显的进步，而且菲律宾外教依然可以给孩子做辅导，家长的这个要求便理所当然地被拒了。家长不依不饶，说邻居一个水平不如自己孩子的小孩，就免费从菲律宾外教升到了欧美外教的课，他孩子成绩好，咋还让一个东南亚人教英语呢？家长越想越气不过，管你们咋规定的，从自己的角度出发，就是成绩好却没给升级，和机构招生时候给的政策不合，投诉没商量。

面对这样的家长又能有什么办法呢？培训机构家大业大重口碑，和这种家长纠缠时间长了对品牌和声誉无益，给出的解决方法是：想快点息事宁人就出点血，要么给升级名额，要么退钱。

付小爷什么时候受过这个窝囊气，前边给差评的气还没消，这件事简直是火上浇油。如果放在几个月之前，付佳还能耐着性子让员工配合解决方案，可现在，付佳倔脾气一上来，天王老子的面子都不给。花钱免灾？我呸！付佳将键盘化作武器，敲得噼啪作响，放出的话十分不客气：课程已经上了一个多月了，全额退费是绝无可能的，要么老老实实上完接下来的课，要么就有什么门路找什么门路投诉，八方神仙都可以请来，我付小爷随时恭候大驾！此话一出，对面家长也炸毛了，纠集了好几个家长掀起一场不小的骂战，指责付佳素质低下，机构名不副实、欺骗消费者。付佳也不甘示弱，逐条回击，一时间，骂战聚集了众多围观者，网络影响也不断扩大。

付佳的处理方式不算优秀，但是却让他这几天的情绪得到了纾解，后续那个家长继续作妖，付佳也没放在心上，却没想到，这场创办人亲自上场的骂战，极大地影响了付佳机构的线上声誉，让本就冷清的线上业务遭受重创，并形成了一个奇怪的局面，就是付佳的机构人人皆知，但是人人都"敬"而远之。

6

传统的招生方式效果不佳，线上的烧钱大战本是赢了面子，输了里子，没想到那最后一点面子也随着付佳参与骂战而荡然无存。最终付佳的机构不仅没有突破，反而每况愈下。付佳觉得这样下去，他的新车怕是一时半会儿开不上了。这可不行，得出大招，冲业绩。他给课程顾问们打了一针又一针的鸡血，鼓励他们谈大单，越大越好，制胜的法宝就是根据家长的消费能力给折扣，金额越高，折扣力度越大，原价相同的课程，报一百五十节比一百节课享受更高的折扣。关于钱的小算盘，家长也很精明，面对越来越高的折扣，家长们交钱的动力越来越足，家长觉得花钱买了实惠，机构看着巨额现金流涌入，两者都心满意足，至于孩子能不能上完这上百节课，好像没人去认真地考虑。

这让付佳的机构又迎来了短暂的繁荣，起码账面上是这么显示的。一百节课起报，一个学员就是几万到几十万的学费，那些拿着现金来缴费的家长，让付佳机构的几台验钞机同时哗哗作响，着实让旁人看着红了眼。他这才想起来，之前有人对他说过，“教培行业最令人羡慕的就是现金流”，果然没错。他觉得他的新车马上就要到手了，在国外潇洒时看上的那块表好像也可以拿下，嗯，给招生顾问的奖金也可以下发了。付佳被短时间内涌入的高额现金冲昏头脑，却忘了那句话还有后半句——“教培机构最大的坑，也是现金流”。

教培机构的现金流，不是机构的收入，而是预收款，机构消费这笔钱，就是寅吃卯粮。像现在很多年轻人都靠信用卡续命，拆东墙补西墙维持着表面的光鲜。但是培训机构比使用信用卡更严重，因为培训机构获取“卯粮”也花费了一定的成本，为了成交一单，已经投入了几千块的成本，而预收款，只是未来一年或几年的学费，当课程消耗实际发生的时候，才算做机构的真正收入。将收入平摊给每个月，其实并不多，加上投入的成本，也可以说，很多培训机构是招生越多，财务上的债务越多。尤其是付佳这种及时行乐的老板，只顾着花钱，看着白花花的银子入账，就已经喜不自胜了，哪还有心思去算背后这笔账？就算财务部主管提醒过他，他也觉得只要后续还能保持这样的招生速度就可以高枕无忧了。寅吃卯粮，卯吃辰粮啊！这种逻辑理论上是可行的，但是落实的时候，谁还能保证卯时有粮可吃？想想那些跑路的健身机构，哪个不是欠着巨款跑路的？学员还有大把的课时没有消耗，可机构已经难以维持，开业一天就亏一天，连正常倒闭都做不到，只能选择在夜黑风高的时候，悄然退场。

现金流在教培界可谓是奶酪陷阱，看着香甜可口，但没什么人真的敢碰。因为即便你有大把的钞票在手，但它们本质上并不属于你，只能帮助你缓解现金流的短缺，如果机构老板将其看作机构收入大肆挥霍，甚至产生机构欣欣向荣的幻觉，那么危机将很快到来。所以大概半年之后，财务部主管又一次冒死上书，说机构目前收支平衡，但马上就要入不敷出了，一细问才知道，机构预售的课程太多，仅仅是消耗预售的课时，各位老师快马加鞭也要好几个月，而这期间没有收入，面临的各项开销还不小。付佳没时间懊恼，很快便想出一个策略，——调整老师薪资。

付佳机构的老师，薪资是出了名的高，这也是付佳能以黑马之姿在竞争激烈的教培市场脱颖而出的原因之一。为了吸引优秀教师加入，让机构的名气快速打响，付佳砸钱的爽快程度堪比买游戏装备，只要外教老师达到机构招聘标准，就会签订一份合约，底薪+提成+课时费的模式，老师的星级达到三星及以上，仅仅底薪就将近万元。如果老师可以自发地进行招生，那么还有相当高的提成收入，而每上一节课，老师也有相应的课时费入账，加上付佳大气的各种奖金、福利补贴，综合下来，老师的薪资在付佳机构的支出方面，占了不小的份额。

　　但是贸然一刀切带来的后果，付佳也要考虑在内。机构本就是靠着名师噱头起家，我掏钱，你出人，算是平等的合作关系，但是现在因为机构单方面的原因，实际上是创始人指导方针有误，就让签订合约的老师蒙受经济上的损失，老师们一时难以接受，造成军心动荡可如何是好？所以付佳没有强硬的推行新制度，只是选择了一个自以为是的计策——在取消底薪的同时，提高提成比例和课时费。给出的说法是，底薪是在机构初创阶段，招生数量不多的情况下，用来保证教师基本生活水平的，现在机构已经步入正轨，各个老师的课程安排也很满，不存在无课可上的局面，底薪可以取消了。另外，提高招生提成的比例，既能激发老师的招生积极性，还能增加一部分收入，对机构和老师个人都有益处。提高课时费也是同理，多劳多得的道理，老师们都懂。

　　懂，不代表认同。付佳这一套说辞再怎么强调制度调整的合理性，老师们还是一眼看穿其中的核心意思，就两个字——减薪。取消底薪，就是拿走老师薪水里最大的一块肥肉；提高提成和课时费，就是把附带的招生压力也给了他们。一群世界各地的外国人，漂洋过海来到中国，承担起中国青少年英语口语教学的重担，没想到除此之外，还要面临招生的压力，这让外教们无论如何也无法接受。其实，当时不少老师就是奔着高底薪、高收入来的，这才帮付佳搭起一个名师荟萃的机构架子，现在重新签署无底薪的合同，和老师们选择付佳的初衷相违背，也触犯了他们最看重的契约精神，实在难以接受。另外，他们多数顶着一张高鼻深目的脸，在中国大多数城市都不愁工作，实在没有必要舍利求义和付佳共存亡，所以在收到付佳的降薪通知后，近一半外教，做了简单的工作交接后，就毫不留恋地和付佳挥手说拜拜，甚至连重新招聘老师的时间都没有留给付佳。

付佳对于这次调整薪资引发老师出走，是有所预料的，但是出走的老师数量，已经超出了他的预期。都说知识分子是天底下最难管的员工，外教老师们的反应让付佳深刻地认识到，比知识分子更难管的，是披着"洋皮"的知识分子。中国人讲究情和理，多数时候甚至把"情"放到了前头，可外教们更看重契约，他们把"亲兄弟明算账"践行得比国人还要彻底。付佳深知降薪对于机构师资力量的沉重打击，但他此举也是出于无奈，现在机构的账目是光出不进，没为钱发过愁的付小爷第一次在财务报表面前低下了头，心里默念，最新款的车，就先不换了吧，得开源节流。按下自己狂躁的消费冲动，是开源节流的第一步，而调整教师薪资就是第二步。这两步，他都走得颇为痛苦。

付佳本意是节流，但是节流之后，教师数量大幅缩减，学生的储存课时依旧需要大量的老师来消耗，留下的老师、竭尽全力的工作人员、机构的运转都需要钱，付佳发现调整薪资对于机构的帮助微乎其微。甚至因为老师的离职，让长期搭配那些老师的学生也有了情绪上的波动，在学生圈子里，慢慢有了不好的流言。付佳的机构在他这个创始人的轮番折腾之下，师资力量、学生规模甚至宣传力度都已经大不如前，而外界所不知道的一个关键，就是机构的资金，已经出现不小的缺口，当然，这其中也有付佳个人挥霍无度的成分。

7

付佳靠机构的发展，过了几年自给自足、极度潇洒的逍遥生活，眼看着机构江河日下，形势要求他必须背水一战，才有可能力挽狂澜。可付佳这几年，在机构工作的日子不多，机构与其说是在他的运营之下，不如说是在他的遥控指挥之下，具体的运营操作，都是交给几个部门主管，自己不过是个甩手掌柜，除了给几个大方针，剩下的日子就是拿着学生的学费潇洒快活。所以几年下来，他对于机构发展的门道，仍然算不上行家里手，现在即便他想背水一战，这一战如何打，他也着实没什么头绪。于是付佳顺理成章地想到了找外援，他太习惯站到别人的肩膀上，让人为他打江山了。而多数人也会因为付佳手里的金钱，前赴后继地为他献计献策。现在事关机构的生死存亡，付佳在已经入不敷出的条件下，依然大手笔地拿出高额的报酬给两位运营专家，他们头衔无数、经验颇丰，看上去势在必得的姿态好似给付佳吃了一颗定心丸，仿佛只要听从他们的指导，不需多时，机构就可以起死回生，让付佳重回巅峰。

就在付佳准备和两位专家一起谋划机构重生大计时，一个看似不合时宜的收购信号出现了，这让付佳颇为恼火。这家意图收购付佳机构的公司规模不小，接洽代表话里话外都在传递一种信息：你的机构已经穷途末路，实在没必要垂死挣扎，现在接受收购是最好的时机，不仅能将所欠债务和大量积压的课程转嫁给新公司，自己也不用扣上"创业失败"的帽子，而且如果不是看在机构曾经的几分名气份上，公司也不愿意花钱接收这个烂摊子。付佳看着对方看似语气和善，但句句见血见肉，他哪里受得了这等气？于是毫不客气地将人送出了会议室。

这次收购的谈判如果出现得早一些，或许还有几分成功的可能，但现在，付佳找到的两位专家极力建议付佳拒绝收购，还指责对方是乘人之危，劝慰付佳只要按照他们的计划，自家机构恢复元气指日可待，甚至放言，将来和那家来收购的公司平起平坐也不无可能，实在不必因为一时受挫就自降身价。专家的一席话，几乎句句戳中付佳的软肋，他最接受不了的就是别人的轻视，所以收购的计划刚露苗头，就被无情抹杀。

两位专家了解了付佳机构的发展史之后，将师资力量不足、现金流已断、运营成本过高、机构持续亏损等硬伤逐一指出，让付佳大呼厉害。接着他们给出的建议也让付佳吃了一惊，因为这算一着险棋，也就是故技重施——让那个曾经创造了机构表面繁荣的"课程大促"方案重新上演。他们告诉付佳，机构陷入困境，这个促课事件难逃其责，对于一般机构而言，"现金流的诱惑"的确碰不得，但付佳处在非常时期，促课可以在短期内汇集大量现金，帮机构度过眼下的难关，而且他们保证，先让机构获得喘息的机会，待到卯时，机构早已恢复生机，所以这招只要用得好，危急关头可以救人性命，眼下值得一试。

付佳决定赌一把，于是线上线下再次大张旗鼓地宣传起来，可十几天过去了，毫无起色。市场部主管和财务部主管都坐不住了，他们看着付佳花样百出地烧钱，虽不至于心疼，但担心这火会烧到自己身上，于是开始跟付佳打听这两位专家是哪里的高人，为什么这方案实施下去没什么动静。专家和付佳解释道："机构早已千疮百孔，老师出走、机构在线上声誉不佳、上个周期课程尚未完结、家长们开始有课程消耗的意识,诸多因素加在一起,让这个计划实施起来远没有想的那么乐观,为今之计除了等,还要降低内耗。"专家把目标转向了已经为数不多的外教,暗示付佳,只是消耗预售的课时实在不需要给老师们开出这么高的薪水,建议付佳取消全职外教,聘用兼职外教,并取消一系列的福利制度,这一来可以降低外教薪水,节省不少开支;二来招聘、解聘相对容易,减轻团队负担。这个方案一出,人事部主管几乎要拍桌子骂娘,他还没见过哪家培新机构全靠不稳定的兼职挑大梁,这对机构的声誉将造成致命一击,而且突然解聘外教,还可能涉及违约金的赔偿问题。奈何付佳病笃乱投医,且过于迷信所谓的专家,很快就发生了一场机构内部的人事地震。

那些外教接到通知的时候,也是难以置信,之前降薪风波降临的时候,他们摇摆不定,权衡之后选择留下。没想到这次的风波直接要求他们离职,哦,还可以转任兼职,但待遇天差地别,看得出机构不念旧情,而且没有讨论的余地,于是他们离开得非常迅速,大多直接另觅他处,只有几个还在和人事部纠缠违约金的事。

人事部一边应对离职外教的合理诉求,一边还要招聘兼职外教,好让学员的课程得以继续。兼职外教招聘还算顺利,但学员反馈并不好,反馈到教学部就是兼职外教经验不足、实力不够,而外教也感受到学员的不适和不满,要么主动离职,要么硬着头皮继续授课,教学环节也乱作一团。

付佳开始意识到机构最核心的部门教学部已经章法大乱,而投入大量宣传费用的市场部依旧死水一潭,当他再次向专家求教时,发现两个所谓的专家也无计可施了,他们早就悄悄去往外地举办下一场讲座和实践指导，没准他们的讲座主题就是"一家线上培训机构是如何一步步走向灭亡的"。付佳懊恼不已，专家的指导费用花光了付佳最后一点家底，后来的宣传和处理离职外教、招聘兼职外教已经让付佳欠下不小一笔外债，可这些措施实施下来，毫无成效，反而机构内人人自危，员工们目睹机构的师资团队如何走向解体，预感厄运好像离自己部门也不远了。

但无论如何上个周期的课程需要完结，他付小爷绝不做负债跑路的无耻之徒。可只要机构还在运营，各种消耗就会产生，零零散散的几个新生学费，和日常开销相比，是九牛一毛，也堵不了已经存在的资金缺口。各种教育平台的挂靠费早就停了，没有宣传，生源更是一减再减，而新招聘的兼职外教们也因为达不到预期，辞退了大半。那些课程顾问呢，因为招生数量抵不过他们的工资，也被付佳带着怨气解聘了。至此，付佳的机构里人员已经所剩无几，带着几个水平不高的兼职老师，就等着争取几个月内把学生的课完结，之后把门牌一摘，把几间办公室和当时采购的设施、桌椅打包贱卖，场地转租掉，好把借的钱还上一些。

付佳直到最后都不知道，一个曾在线上风光无限、年营收几千万的英语机构，真正败落的原因是什么。他抱怨过唯利是图的教育平台，让他白白烧了不少钱；抱怨过世俗的家长，一副自私自利的小丑作态；也抱怨过自己识人不善，让他被两个骗子专家哄得团团转。也许以上都是让机构倒下的原因，但是最大的原因还是出自付佳本身，这个机构的掌舵人，没有深刻认识到资金对于一个企业来说多么重要，他的每一步，都体现了对资金的不重视，无论是对机构投入还是自己消费，都毫无节制，在他的消费观念里，钱没了再赚就可以，他也把这个理念贯穿到创业里。也许在他的成长经历里，不存在"钱不够"的概念，意识不到资金对于机构来说就是流动的血液，等他意识到资金是企业命脉时，为时已晚。另外，付佳创业带着玩票性质，在这场大型创业游戏里，他始终把自己的情绪放到首位，机构各种配置要高端，以此来满足他的虚荣心，而且一言不合就开怼，只为了释放情绪却全然不顾大局，给机构的声誉造成了不良影响，殊不知舆论是把杀人于无形的刀，加速了机构的灭亡。而且付佳的创业目标也不单纯，他把机构当成他的钱包，为了满足他"及时行乐"的人生理念，他一次次动用公款，极大影响了机构的资金流动和长期发展，每一步，都给机构的败亡埋下了祸根。

付佳是创业大潮中很典型的一类人，出身于富裕家庭，有良好的教育背景，在资金和人脉方面享有得天独厚的创业优势，甚至有不少资历深厚的前辈为他们保驾护航，这是他们可以创业成功的重要条件，也是他们令人羡慕的创业开端。但是他们也不可避免地具有一些通病。优渥的成长环境让他们对金钱没有概念，骄奢无度，挥霍成瘾，如果这仅仅是一种生活习惯则无可非议，但是将这种习惯带入企业中，则是一种灾难。付佳作为机构的创办者，亲手用金钱垒起了一座大厦，又一点点抽走它的资金，逐渐瓦解他的根基，最终让大厦轰然倒塌。错误的营销、与家长之间的纷争以及流于形式的平台，就好比狂风暴雨，只会给摇摇欲坠的建筑带来灭顶之灾，若建筑本身根基牢固，则任尔东西南北方，也固若磐石，可惜付佳教育机构的根基，早已被他自己掏空。

值得玩味的是，这场足以对普通人造成重创的失败，对付佳而言，或许只是一场阵痛，不消多时就可恢复元气，换个领域从头再来。失败的经验对他们而言，好似掺杂了天时地利的玄学，旁人抽丝剥茧总结的理论，并没有被他们奉若信条、引以为戒，不知这是他们的幸运还是不幸。

六、私立幼儿园：呵护那些稚嫩的花儿

——砥砺前行，莫忘初心

1

"少年智则国智，少年富则国富，少年强则国强，少年进步则国进步"。孩童永远都是天真无邪、灿烂可爱的，成人们愿意把一切的美好赋予他们。

天真极难守护，在今天，我们把守护孩子的盾交给教育，期望它能抱有无邪的心。可当个人欲望浸染周身之时，本该充当保护者角色的人，与当初的承诺背道而驰，以教育之名，行牟利之事，以爱之名，行恶意之举，结果唯有两败俱伤。

2

Smart幼儿园园长办公室里气氛剑拔弩张，洪辰满脸堆笑，对面沙发上坐着一男两女，是小五班丁乐小朋友的家长。一老一少两位女性表情统一，都带着明显的愤怒，另一位年轻男性脸上则是带着一丝尴尬。自称是孩子奶奶的老人最为激动，神情激愤，语气咄咄逼人，此时正在指着一个年龄在二十五六岁的女孩儿破口大骂。

被骂的是幼儿园老师张莉莉，面对老太太的指责，张莉莉一直低头一言不发，面色难看。张莉莉的这副态度，在丁乐一家看来，无异于是在推卸责任，当下心火更旺。老太太见她"死鸭子嘴硬"，当即把矛头对准了洪辰，"你这个园长是怎么当的？孩子在你幼儿园摔伤了，胳膊青了那么大块儿，回去哇哇地哭，晚上睡觉都不敢给他翻身，一翻身就疼醒了。"

眼看老太太神情越来越激动，洪辰赶紧赔罪。尽管她刚才看了丁乐妈妈手机里的照片，知道丁乐胳膊上的伤，其实就是块比蚕豆大不了多少的淤青，绝对不像老太太说的那么夸张。"丁乐奶奶，您误会了，我们绝对没有推卸责任的意思。有孩子在园内受伤，按照规定应该第一时间就通知家长。但是小张老师经验不足，可能当时没检查出小乐身上有伤来，就没有上报。这不仅是老师的失职，也是我管理上的失误。"

洪辰言辞恳切，但她的这番话，显然并不能让尚处在盛怒之中的老太太满意，连最开始神情尴尬，像是被强拉过来充场面的年轻爸爸，此刻也有些不满，觉得洪辰这是在和稀泥。

洪辰见状，开始打起了感情牌，"小乐家长，我这真不是在推卸责任。您出于信任，选择了我们幼儿园，我们就有义务照顾好孩子，所以不管是因为什么理由，只要孩子受伤，园方一定会负相应的责任。我知道你们心急生气，我非常理解。我是个单身妈妈，对孩子受伤这种事更加敏感。如果换了我的孩子在幼儿园受伤了，我不敢保证我能像你们一样，还愿意坐下来和园长谈话，所以我真的十分感谢你们。这次小乐受伤，园方一定会负责到底，希望能得到你们的谅解。"

洪辰的适时吹捧和"卖惨"起了效果，老太太一听说她是单身母亲，本来想说的话在嘴边转了一圈又吞回去了，连带着脾气都小了些。见老太太有偃旗息鼓的意思，一直在旁边添油加醋、煽风点火的年轻妈妈也适时住了嘴，撂下一句："事情已经这样了，我们也不是无理搅三分的人，你说该怎么解决吧？"洪辰听出了话里的意思，也没跟他们兜圈子，当即表示家长可以带孩子去医院做一次全身检查，费用全部由园方承担，然后又提出给丁家一笔赔偿。听了一个并不算低的数字之后，沙发上的一家人脸色稍变，同意这事就此了结，对老师张莉莉不再追究，孩子下个星期就送回来继续上课。

一路赔笑把这一家人送走，洪辰回到办公室，看着从头到尾一言不发的张莉莉，洪辰心中的怒火不亚于刚才丁乐一家人。正要发火，就听张莉莉突然开口，说她真不是故意的，就是小孩儿自己调皮，跟同学打闹不小心碰到了。而且她明明已经道歉了，丁家人非说没有，还拿出几张淤青照片给他们看，摆明了就是想要讹钱。

张莉莉一边替自己推卸责任，一边替洪辰义愤填膺。她存的什么心思，洪辰心知肚明，却没打算拆穿她，只是顺着她的话说，"刚才跟丁家人说的话你也都听见了，我就不再重复了。总之，只要孩子在园里出了事，家长找上门，园里赔钱是板上钉钉的事。咱们的制度是责任制，在谁的课上出事，谁负责。刚才承诺给丁家的一万块钱，园里算是没尽到监管责任，所以承担赔一半，剩下的一半需要你负责，这点你没意见吧？具体情况去找行政说。"把一脸心不甘情不愿、还想辩驳的张莉莉请走，洪辰坐在办公椅上吐了口气，一场小插曲终于结束了。

这是洪辰创办Smart幼儿园的第三年，类似家长因为孩子一点小伤就过来"碰瓷"的事，虽然并不多见，但也遇到过一两次，加上洪辰之前就是做教育培训行业的，跟不少难相处的家长打过交道，所以应对起这种事来还算得心应手。

3

说起洪辰做教育培训的往事，还要回溯到十年前。十年前，也就是2004年，洪辰和前夫离婚，独自带着刚满四岁的女儿生活。当时她在XX公司上班，工作稳定，但收入不高，而且经常需要加班。

这份工作对于一个刚刚离婚，且每月需要一大笔钱支付女儿幼儿园费用的单身母亲来说并不是长久之计。正在洪辰为母女俩未来生计发愁的时候，偶然一次机会，她接触到了做奥数辅导的行内人，是跟她女儿同班的一位学生家长。他在本区办了一家奥数班，收益还算不错。因为在市重点小学旁买了学区房，两个区之间隔得又比较远，所以打算把这边的奥数班盘出去。

本来只是无心的一次谈话，在洪辰这个迫切需要另谋出路的人看来，却如救命稻草般，洪辰一下子就动了心思。在做了一番调查，觉得这行确实有利可图之后，洪辰找到了这位家长，说明意图。家长见洪辰态度诚恳，又是一名单身母亲，最后表示十四万，连教室带老师和学生都可以一并转给她。这个价钱在零几年，连三线城市都还算不上的X市，不算是笔小数目。但是十四万能接手一家地理位置相当不错的辅导班，简直是天上掉馅儿饼。所以尽管手头并不宽裕，洪辰还是拿出多年积蓄，又找了公司几个关系不错的同事，东拼西凑，凑了十四万出来，正式把奥数班盘了下来。

因为教学地点和老师都没变，所以奥数班这次易主，并没有造成学生退课的结果。洪辰辞掉工作后，全身心投入到了辅导班的经营之中。因为没有经验，一切都在摸索中进行，办班初期，她走了不少弯路，吃了不少亏。但是凭着她不服输的韧劲儿，以及想给女儿最好生活的信念，她成功熬了过来。

在第十年，也就是2014年，成功把奥数班规模做到了年营收三百万，净利润九十万。在常人眼中，洪辰已经算是小有成就的女商人，奥数班收益不低，她应该坚持或者继续扩大机构规模。怎么都不应该在机构还在不断盈利的时候放弃，转投另一个领域。但其实洪辰转行的决定并不是心血来潮突然做的，这个念头可以说早在去年就已经在洪辰脑海中产生了。

随着X市跻身三线城市，教育培训行业在一段时间内热度持续走高，各类培训辅导机构扎堆出现。尽管奥数培训市场产业链已经相对成熟，但是围绕"择校机制"产生的利益链条正在被慢慢打破。洪辰凭借着多年的商业敏锐度，已经察觉到了这点。奥数辅导的红利期已经过去，走向衰弱是必然。稍微有些商业头脑的人都该知道，现在要做的不是扩大投资、占领市场，而是抓紧时间寻求转型或者另谋出路。

洪辰转行做学前教育的契机，还要说到2015年国家颁布的二孩政策，那一年，全国多数省份的婴幼儿产品销量都大幅上涨，洪辰周围也有不少人都在谈论要不要生二孩。洪辰一下子看到了其中的商机——学前教育。

学前教育市场的火热其实早就已经有人预料到，洞察先机的大佬们早在X市成为三线城市之前，经济快速发展的时候，就在一些新建楼盘旁盖起了早教机构或者私立幼儿园。如今二孩政策颁布，直接宣布全国正式进入全面二孩阶段，意味着学前教育市场即将迎来一片新的蓝海。对比起已经走向下坡路的奥数辅导，洪辰几乎没怎么犹豫，就选择了放弃经营十年的奥数班，投身学前教育领域。

　　这次创业，洪辰的心理压力小了很多，首先在资金方面，她就不会像当年一样为难。十年经营，洪辰攒下300万的存款，又向银行贷了100万的款。当年直接拒绝，并且当面说她"离婚女人瞎折腾"的亲戚们，听说她借钱的消息后，二话不说，直接拿了一百万出来，洪辰虽然打心眼儿里看不上他们，但是用钱之际，也顾不上这些小恩小怨。就这样，洪辰在两个月内，就筹到了500万启动资金。

　　在为筹措资金奔波的时候，洪辰也一直在考虑幼儿园的选址问题。她把范围先圈定在了X市新开发区，近年来，政府政策一直向新区倾斜，引进高新企业，调控房价，吸引了大批80、90后年轻人入住，而他们又是一胎、二胎的主力军。选择把幼儿园建在新区，至少短时间内不会有生源不足的情况。另外，年轻一代是最不吝惜孩子的教育费用的，所以未来在保育费的安排上，应该有很大操作空间。

　　敲定大致区域，接下来就是具体选址，幼儿园不是一般的培训机构，实际上幼儿园并不属于培训行业，也不算早教行业，它和传统早教从教育对象到教育目标都有或大或小的区别。作为对社会学前教育资源不足的一个补充，家长对幼儿园作用的期待其实更偏向"托儿所"，孩子在他们上班的时候，能在幼儿园吃好喝好睡好玩好。这就意味着，幼儿园的选址绝不能像培训机构选址一样，过于随意，除了要选在生源充足、交通便利、适合家长接送的地方外，安全是最重要的。想要办一家幼儿园，必须要拥有独立的园舍、足够大的室外活动场地，还需要有围墙。另外幼儿园还必须建在阳光充足、远离污染源、医院、娱乐场所等一切不适宜孩子成长的地方。

　　这些严苛的条件，足以筛选掉一大批想用低成本赚大钱的人进入这个市场。洪辰为了此次"转型"，可谓倾尽所有，为此还背上两百万负债，也能体现她壮士断腕、不成功便成仁的决心。所以关于幼儿园的具体选址，即便她已经向专业人士做过咨询，可还是不敢掉以轻心，经过一番考察，优中选优之后，最后才敲定了一处。

园舍位置选好，洪辰趁热打铁，找来了X市专门做市场调研的公司，对园舍周边做了详细的市场调查，包括：场地周边小区数量，常住人口，消费水平，竞争幼儿园数量及情况，适龄儿童数量，潜在适龄儿童数量等，这些信息全部用最直观的数字表现出来，根据这些信息了解市场需求。

调查结果跟洪辰自己最开始做过的调查有重合的部分，表示她选择新区的决定并没有错，结果显示，新区的主要收入人群就是那批从X市其他区县"移民"过来的80、90后群体，也有部分70后群体，年薪在10万—20万不等，在X市所有区县中收入排名前三。另外，新区高层小区较多，小区密度大，但是幼儿园数量并不多，而且多以公办普惠性幼儿园为主。私立幼儿园数量少，且集中在低端阶段。洪辰根据调研公司提供的详细数据和资料，最终决定，幼儿园定位在中高端，主打不同于低端幼儿园的特色课程。

合适的场地、精密详细的市场调研和准确的市场定位是洪辰幼儿园能成功的第一步。而洪辰之所以能把幼儿园做到巅峰。年营收近千万，学生数近600人。优质的师资、健全的管理机制、丰富多样的课程设置以及高性价比的学费，起了绝对的作用。

在奥数辅导班的经营过程中，洪辰深知拥有优质师资的重要性，她的奥数班在后期请的老师最低学历都是211大学，这既保证了授课质量，也增加了家长对辅导班的信任。幼儿园既然定位在中高端，那教师资质就一定要比普惠性幼儿园或者低端幼儿园高出一大截。

洪辰决定对幼师的筛选进行严格把控，光在简历筛选这一个阶段，洪辰就设置了相对较高的门槛，只招有一定英语基础和授课经验的老师，这两点要求就已经把一大批应聘老师拒之门外。此外，面试过程中，洪辰对应聘老师的长相、身高、谈吐、气质等都有一定要求。有些虽然学历不错、英语基础尚为扎实，且有一定授课经验的应聘者，在面试阶段，均因为外貌或言谈举止条件不符合要求而落选。半个月下来，合格的人寥寥无几。

这种情况洪辰早有预料，她为此开出了远高于市场平均价位的薪资，每月底薪加上福利在五千上下，这在当时幼师平均薪资不到两千的X市，算是同行之最。因此虽然招聘进程缓慢，但是每天仍能接到不下四十份求职简历，一番大浪淘沙之后，最后招到了三十名老师，均是本科学历，有英语四级证书，以及至少一年的授课经验。在经过为期一个月的培训之后，正式上岗授课。

此外，为了做到科学管理，洪辰四处取经，专门去了北上广三个一线城市的几所知名中高端幼儿园，做了一番实地考察，并付费向他们取经，学到了不少幼儿园管理经验。洪辰照葫芦画瓢，针对园内的老师也制定了一套严格的绩效考核和监督机制，以确保老师能全身心地投入工作中。针对园内学生的管理机制，洪辰也是取各大幼儿园之所长，科学安排了早操时间、上课时间、就餐时间、午睡时间、读书时间、看动画片时间等。满足家长对幼儿园的基本要求：孩子吃好、睡好、玩儿好、学好。

Smart幼儿园走的是中高端路线，除了保证孩子在园内的基本生活和娱乐活动得到妥善照顾和满足之外，课程设置的独特性和多样性是它区别于其他私立幼儿园，或者普惠性幼儿园的一大特点。

Smart幼儿园的课程设置除了语文、数学、英语等基础课程之外，还设有：思维训练课、纸工创意课、泥工创意课、亲子课等特色课程。为此，洪辰斥重金，请了专门的课程专家给园内老师做了一系列培训指导，并且花高价买来了相关的教案和教材教具，最大程度保证课程的专业性。

优质的师资，健全的管理机制，让很多家长都动了心。尤其是当洪辰在幼儿园宣讲会上谈到，这些特色的课程都是她凭借专业的调研以及作为一位母亲，而非商人，对孩子最殷实的期盼下制定出来的。很多女性家长听了无不动容，觉得洪辰创办这家幼儿园的初衷，肯定有相当一部分是真正想让孩子更加快乐健康地成长，孩子如果能在这种有爱的幼儿园上课，绝对比一些纯粹为挣钱的幼儿园要好。

当然，光凭以上几点，只能让小部分家长愿意掏钱，真正让大部分家长不假思索选择Smart幼儿园的原因，还是它高性价比的保育费。洪辰知道，在幼儿园创办初期，价格战是肯定要打的。

虽然根据前期市场调查显示，新区家庭收入在X市各区名列前茅，在幼儿园招生宣传期，得到的家长反馈大多也都是积极正面的，更有不少家长在参观、试听之后，表示有意向给自家的孩子报名，但是洪辰并不打算价格也走高端路线。主要原因是价虽高，但量也少，这样一来，营收必然不高。幼儿园的经营成本本来就高，再加上她还有200万的外债，所以她必须要在短时间里获取充足现金流。而以量取胜，打价格战，是幼儿园初期阶段吸引大量生源的最佳手段。考虑到这些，洪辰把保育费定在了每位学生每年1.6万元，其中包括中午餐费和下午甜点费，而X市一般私立中高端幼儿园最低也要两万。

凭借以上几点，Smart幼儿园迅速在X区家长圈子里积攒了一批好口碑。幼儿园在第一年就招到了近300位学生，全年营收达480万，这个账面数字比洪辰经营了十年的奥数班任何一年都要高。

4

一年经营下来，Smart幼儿园已经在X区小有名气。洪辰凭着过去办班的经验，加上刚强的性格，一番经营之后，将幼儿园办得有声有色，幼儿园从建园到第一个学年末，未出过一起幼儿受伤事故，家长对此赞不绝口。

幼儿园势头一片大好，但洪辰心里始终压着一块巨石。虽然这一年幼儿园账面收入有480万，但是这480万扣掉人力成本、宣传成本、管理成本、食材成本以及物业费等各种费用，实际收益低得可怜，还不够偿还银行的本金和贷款利息。照此经营下去，别说赚钱，光还清贷款和借债保守估计都需要三四年时间，这还是最为乐观的推测。三四年时间，新区的私立幼儿园恐怕已经开了七八家，到时候竞争更加激烈，钱只会更加难赚。

思来想去，洪辰觉得，当务之急还是先把债都还清。价格战是不能再打了，洪辰考虑提高保育费，价格她参考了X市其他地区中高端幼儿园的费用，最后将保育费定在每人每学年2.5万元。虽然这个价格比之前提高了一半以上，但是洪辰认为凭借这一年幼儿园积累的口碑，再加上师资和优于新区其他幼儿园的硬件条件，家长不会不买账。如果能保住去年的招生势头，一年利润足以还清剩下的借款。

然而，洪辰的想法到底还是过于理想，面对幼儿园陡然提高的保育费，不少本来打算给孩子报名的家长都犹豫了。他们选择洪辰的幼儿园，最主要的原因就是高性价比，其次才是师资和其他硬件条件。新区其他两家中高端私立幼儿园，保育费集中在1.8万—2万，洪辰当初推出的1.6万保育费，确实足够吸引人。但是现在洪辰一下子把费用提高了一大截，不少家长被劝退。对已经在读的小班、中班孩子的家长，见到保育费突然大涨，更是气愤难当。他们觉得洪辰这种做法无异于是"火了之后飘了"，当初在家长见面会上大谈特谈"以爱之名办学"现在听来都是空话，纷纷表示不再续费。

洪辰这次强推涨价的后果就是，第二年的前三个季度，幼儿园招生惨淡，报名人数不足去年同季度的一半，这种情况是洪辰万万没有预料到的。行政园长张珺劝洪辰，"这样下去不行，不如把价格调回原来的1.6万。"但是洪辰咬牙没同意，说再另想办法。洪辰自然知道张珺说的话确实有道理，她也不是没有想过把保育费调回原价，但是一直靠低价竞争，一年两年还好，绝对不能作为长久之计。

而且她自认为凭她幼儿园的条件，2.5万元的保育费虽然不便宜，可绝对物有所值。另外，洪辰也考虑，涨价之后再降价，如此朝令夕改，幼儿园难免会落下反复无常的名声，而且一旦家长觉得降价是他们"抗议"之后得到的结果，以后再想涨价，恐怕会更加不易。

综合以上考虑，洪辰还是拒绝了张珺的提议，张珺见洪辰不同意，也没办法。洪辰虽然拒绝了，但心里一直在暗自着急，如果最后一个季度，招生情况再不理想，那幼儿园第二年很可能就会面临亏损。

思忖再三后，她找来张珺，决定还是调整收费政策，对来报名的孩子进行配套补贴：小班课单价为22000元，如果学生在本园小、中、大班连读，费用则逐年递减，每年递减3000元，平均价格为19000元，在新区中高档幼儿园一般保育费范围之内。另外，洪辰还推出了团购优惠政策，同一公司同事或者同一小区家长一起来报名，人数达到五人及以上，可以在配套补贴基础上，每人每年再减500元。

再有，如果学生在中班、大班期间转到本园，也能获得一定程度的补贴优惠。这几项补贴政策一出，再加上洪辰花重金为幼儿园做了大量广告宣传，幼儿园招生势头迅速回暖，连续一个季度，报名人数火爆，幼儿园学生已经从当初的100多人达到了400多人。机构账面金额突破了700万大关。扣除成本后的收益，足以还清欠银行和亲戚的借款。压在洪辰心上的石头终于落了地，幼儿园经营势头逐渐转好。

5

两年经营下来，洪辰的幼儿园从当初的小有名气，变成了新区家喻户晓的存在。X市和洪辰相熟的朋友，都知道洪辰把生意做得很大。洪辰在业内女强人的名头由来已久，如今更是坐实了这个名头，想和洪辰结交的人不在少数。但是洪辰虽然事业出众，但到底是个女人，还是位单身母亲，加上她早年办班吃过一些亏，所以她的性子实际上并不像她表现得那么平易近人，反而恩怨分明，独断专行了些，从不轻易相信别人。独自打拼十几年，洪辰结交了不少合作对象和朋友，可让她全盘信任的人，这么多年下来没有几个。当初在她办奥数班初期，为她雪中送炭，解了燃眉之急的几位前同事就在其中。

洪辰素来重情重义，所以同在X市，即便洪辰早就离职多年，几位前同事也各奔前程，或是换了公司，或是在家相夫教子，或是跟洪辰一样，有了自己的事业。但几个人也经常约出来聚一聚，交流一下彼此的近况。

在一次聚会上，洪辰听好友王慧提到了一个理财产品，说是，"月息3%，一月一付。"洪辰当下听了，就觉得这肯定是新的诈骗手段，什么理财产品月息能到3%。她担心王慧别是入了什么诈骗或是传销组织，还劝她，"这个世界上肯定没有这么便宜的买卖。"王慧见她不相信，拉着她保证，"绝对可靠。"洪辰见她胸有成竹，对各种理财产品如数家珍，好像真有什么门路，越来越感觉她像是被骗了，于是赶紧追问这产品是谁推荐给她的。王慧支支吾吾，不肯透露，这让洪辰更加怀疑她的猜测。这个话题在其他几位好友到了之后就此打住，但是洪辰却始终不放心。

回去之后，一方面出于对老友的关心，另一方面出自对王慧提的那些理财产品的好奇，洪辰上网去查了查关于高息理财产品的消息。查到的结果和她预想的一样，所谓的高息理财产品大多是骗人的。洪辰和王慧关系向来不错，就想找机会单独约王慧出来见一次面，跟她说清楚其中利害，以免她越陷越深，最后得不偿失。

半月后的会面是洪辰主动提的，两人见面后聊了没多久，话题就到了高息理财上来。洪辰劝王慧就此收手，以她免误入歧途。王慧自然听懂了她的意思，当下笑出声来，"我说你这阵子说话奇奇怪怪，原来是为这件事。也怪我当时没说清楚，我是怕说多了你以为我是想拉你入伙，没想到你就误会了。这个高息理财产品，其实是我老公自己公司的产品。"洪辰没想到自己认为的诈骗理财产品竟然是王慧自家公司的。

不过也难怪洪辰不知道。洪辰离婚之后，为了照顾她的情绪，她们几个女人聚会，虽然会谈到与家庭有关的事情，但都围绕着孩子，很少谈论另一半。洪辰没主动提过，其他几个朋友也有意识的不提。

所以，洪辰对几位密友的另一半知之甚少，只知道个姓名，大概是做什么工作的，其他一概不知。所以她不知道王慧的老公竟然开了理财公司，洪辰心说幸好没说什么过分的话，不然岂不是闹了笑话。

王慧见她面色尴尬，主动认错替她解围，说："其实这事我本来没打算跟你们几个关系好的朋友说，就是因为知道现在人们对高息理财产品误解都很大，这几年出的事太多。就算我敢保证我家产品是真的，但是凡是投资都有风险，而且洪辰你做了这么多年生意肯定比我清楚，收益越高，风险也就越高，我能保证你赚钱，但是不能保证你肯定不会赔钱。咱们关系在这儿，万一我给你推荐，你买了，到时候即便是因为外界一些不可抗拒的因素赔钱了，咱们心里肯定谁都不好受，关系可能也会有裂痕。我是觉得为了这么点钱，最后把关系闹僵实在没有必要，你说是吧。"

洪辰听了王慧这番话，觉得她说的确实在理，而且王慧自家理财公司开了那么久，洪辰都没有听她提过，只是在上次聚会听她提了几句。如今她话说到这份上，左一句姊妹情深，右一句多年情谊，洪辰感动之余，也觉得有些不好意思，只好顺着她把话说下去，说，"如果你早说是自家产品，我肯定不会说那种话，自家产品怎么可能信不过。"王慧听洪辰这么一说，借坡下驴，告诉她，其实这个月息3%的高息理财产品，他们公司也就推出了这一个，其他的都是跟其他公司差不太多的理财产品。之所以这个产品给到这么高的利息，是公司专门为了回馈SVIP量身打造的，毕竟这么高的利息，客户承担的风险高，他们承担的风险更高。

说到最后，王慧说，"既然今天说到这个了，你要是有意向，信得过我，就先在我这里存五十万，利息一月一付。我也不让你跟那些SVIP一样，一单最低两百万，一次最低存两年。你就存一年，其间这个钱也可以随取随用，你要是不想存了，随时本金利息一并提走。"

洪辰一听利息一月一付，而且随取随用，随时退出，当下就动了心思。五十万对现在的洪辰来说，拿出来轻而易举，虽然这个理财产品确实有一定风险，但是如果她就存几个月或者半年，风险其实并不算高。王慧丈夫的公司都开了好几年，不可能突然就出事。投资50万，半年连本带息就能收回近60万，洪辰觉得可以一试。

没过几天，王慧就收到了她50万的转账记录。一个月过去，洪辰准时收到了王慧给她的利息，一万五千元。拿到第一笔收益，洪辰没有被冲昏头脑，并没有提出加码，王慧也没有提。往后两个月，利息如约到账。这时候，洪辰觉得可以往上加码了，她主动找到王慧，告诉她想要再多买几份产品。王慧却面露难色，说之前的50万不算是大数目，她可以做主，但是如果洪辰想再追加，却只加50万的话，确实有点为难。不过王慧表示，可以单独找她老公，再出一份特殊的合约，让洪辰不用担心。

洪辰知道她这话可能多少有点夸张的成分，但是总归心里还是感激的。王慧两次的尽心尽力，让她和洪辰两个人之间的关系变得更加亲密，之前经常是几个人的聚会，变成了王慧和洪辰两个人的聚会。此后的几个月，洪辰每月都如数收到返回的利息，确定这款理财产品确实靠谱之后，她最初的疑虑渐渐放了下来，野心渐渐膨胀起来。洪辰已经不满足于用自己私人户头上的钱获取利益，她把目光投向了幼儿园的保育费。第一次就挪用了200万，投进去之后，利息照旧支付。

6

半年后，也就是2018年10月，月末照例到了转账利息的时间，但是等了一天的洪辰都没有收到转账短信，晚上洪辰在微信上问王慧，收到了王慧此时不在X市的答复，王慧解释可能是转账系统出现了问题，她现在正在外地出差，等她回来之后亲自去公司问一问，说完就不再回复。洪辰隐隐有种不妙的感觉，既然是自家公司，王慧打电话问一问丈夫不就行了，为什么要等出差回来再问？但是她和王慧"合作"已经近一年，从来没有出过问题，所以她把疑心按下去，决定还是等王慧回来再说。没想到，等来的却是王慧老公的理财公司倒闭，王慧一家举家移民的消息。

洪辰这才自觉受骗，她给王慧打电话，空号；发微信，不回。

她找到其他几位前同事，向他们打听王慧的消息，得到的答案都是"不知道、不清楚"，洪辰彻底崩溃了。让她更崩溃的是，这半年多，她挪用了幼儿园大概400万的资金，加上她之前投入的，总数加在一起近千万，全部被王惠拿走，而除了报警，洪辰也别无他法。

此时，她也无暇顾及欠款被骗一事，眼下面临最大的困难是，幼儿园已经陷入了现金流短缺的困境中，这该如何解决？此时洪辰心里一团乱麻，也想不出什么好主意，只能是用老办法——开源节流。扩大招生规模，降低支出成本。扩大招生之后产生的老师缺口，洪辰决定放弃"高薪优质"的条件和要求，聘请低薪幼师作为补充，不再要求学历、英语基础，只要是大专及以上学历，有过一年或者半年的实习或授课经验，经过学校培训部为期一个月的讲师培训之后，"正式上岗"。

此外，在原收费政策的前提下，洪辰降低了后勤支出，主要是食材支出，午餐由原来的三荤四素两汤一粥改为两荤三素一汤，并且取消了下午的甜点时间。"节流"工作在洪辰的推动下看似进行得十分顺利，但是节流直接导致幼儿园授课质量及伙食下降，进而导致幼儿园口碑一路下滑，洪辰预想的"开源"效果，不仅没有达到，反倒影响了幼儿园的口碑。

与此同时，洪辰又想到了另外两个办法。一条针对幼师，对于低薪幼师，洪辰设置了严格的奖惩制度，当然是以惩为主，只要有家长反映他们当中有谁讲课不好，财务就会按次数扣钱，累计到一定次数之后，扣除当月工资。另外，低薪幼师每月请假不得超过两次，超过两次扣除200元。

另一条针对食品成本，洪辰亲自联系，找到了一家新的"肉类食品"供货商，价格比之前的供货商便宜了近四分之一。这两个方法一经实施，幼儿园的教师成本和用餐成本一下子又降低了不少。

幼儿园经营成本一降再降，对低薪幼师惩罚变本加厉，导致很大一部分老师对洪辰产生了不满情绪。其实这种不满，早在他们进园初期被差别对待开始，就已经产生了。

新一批老师都是大专学历，要知道学历的差距意味着工资的差距，所以比起最先一批拥有本科学历的老师，他们的工资相对要低很多。明明工作内容都差不多，看着本科老师月薪五千上下，而他们的月薪勉强只能到三千，他们都表示难以接受。再加上洪辰专门为他们制定的那些只有罚，没有赏的"奖惩措施"，经常以"有学生家长反映你教得不好"为由，对他们进行扣钱处罚，到最后，一个月工资只有两千实属正常，这就更加让他们不满。

对制度不满，对洪辰不满，导致老师们纷纷离职，要不就无心工作，园内氛围不再像以往那对孩子充满呵护和关爱。

张莉莉就是其中一例，她半年多前来到Smart幼儿园，经历了工资被一降再降，被以各种奇葩的理由一扣再扣，加上丁乐那天在操场发生的意外，却要让她要承担5000元的赔偿，但也只能无奈接受。交清赔偿金之后没过多久，张莉莉就选择了辞职。

千万投资的钱还没有追讨回来，洪辰其实已经知道追回的希望十分渺茫，但是仍然期待有奇迹发生，资金链断裂的这几个月，尽管她把成本一降再降，但是招生情况仍不理想，加上幼儿园孩子接二连三身体出现各种问题，幼儿园营收和口碑双向下滑，最新一季度营收已经跌至一百万，只能勉强维持幼儿园日常经营。

最终，幼儿园不仅是教学，而且在饮食、卫生等方面的质量都急转而下，家长们纷纷带着孩子转移，洪辰自知已无力回天，带着转让幼儿园的几十万存款，给女儿办完了转校手续，变离开了X市。

7

洪辰的结局难免令人唏嘘，初见她的身世背景以及上一次成功"创业"的经历，包括我在内的大多数人恐怕都以为这次创业必定轻而易举就能获得成功。故事初期的走向与猜测无异，洪辰凭着多年从商经历修炼出的商业敏感度和果断的行事作风，让她的机构在创办初期广受赞誉，并迅速积攒起一定口碑，招揽了一大批学生。

故事到这里，似乎可以打上happy ending的标签，宣告皆大欢喜的结局了。然而事情接下来的走向却和众人的想象大相径庭，可谓一着不慎，满盘皆输。

十年的积累，败给一朝贪念。贪婪是人的本性，再斯文俊秀的外表，拨开之后，总能找到掩藏在内心深处一颗名为贪婪的种子。洪辰也是如此，贪图快速收回成本，她在幼儿园尚未稳定的阶段就提高学费，致使学生流失。

贪求高额利息，她又轻信他人，挪用资金，致使幼儿园现金流断裂。到这一步，如果洪辰选择悬崖勒马，及时止损，未必会落得如此下场。但是洪辰在遭遇危机之后，非但没有反省，反而继续以"母爱"之名，压缩成本，一错再错。

而作为教育培训机构创办者，尤其是学前教育机构创办者，守护幼儿的健康与安全永远是重中之重，一旦园长利欲熏心，把幼儿园当成单纯的牟利工具，置孩童的健康和安全于不顾，那么失败是必然的。最后负责人不仅要接受法律的制裁，还要接受道德的审判。

如此一想，洪辰走的不过是一条"自取灭亡"的路，局外人更多的只能是怒其不争而已。

七、一家无足轻重的中型培训机构之殇

——当败亡沦为常态，便不足以激起波澜

1

我和吴波约在一家清冷的咖啡馆见面，场地是他定的，据他自己说，近来他很怕见人，老觉得有人在背后朝他指指点点，数落他的不是，散播他的不堪过往。这让我想起了巨人集团的史玉柱，第一次创业失败后，本就低调的史玉柱更加离群索居，他将自己锁在一间办公室内，远离嘈杂，除了与员工之间进行必要的交流外，他整个人是透明的，像自己的呼吸般了无痕迹。直到脑白金成功问世，并创下当时的营销神话，这个戴着无框眼镜的瘦削高个男人才愿意重返公众视野，语气平静地叙说自己的起落。由此可见，创业者的自信心是靠成绩催动的，业绩不佳，连讲话的声音都会不自觉地低下去，一直低到尘埃里。

吴波和史玉柱一样，需要一次披戴荣光的东山再起来证明自己，场面不必恢宏到史玉柱那般的王者归来，但他必须打赢一场漂亮的翻身仗，来结束此时的落魄境地。可惜在世界抛弃他的同时，他也放弃了自己。与天争，对于某些人而言，真的是不切实际的愿景。

主动约谈的是我，但早到的是吴波，这让我有些尴尬，但吴波摆摆手表示不必在意，因为不守时的正是早到的他，几十年的"坏"习惯了，他说，一时半会还改不了。怕别人等自己，于是索性主动等别人，这是一个宽厚的人才会有的觉悟。双方落座后，首先惊到我的是他小心翼翼的声音，很难想象这是一个讲师出身的人会有的说话方式，那么的轻声细语，唯恐冒犯他人。经我几次提醒，几口咖啡下肚，他终于安定下来，开始以一种平和的姿态去讲述自己的故事，只是端咖啡的手仍有些抖。

在此期间，我除了必要的提问外，尽可能不对他的陈述造成干扰。我喜欢静静地听人讲故事，无论故事的内核是喜或悲，都无碍它的真实，而对于一个记录者，真实就等于一切。在陈述的过程中，吴波基本上做到了情绪平静，不过他的平静，并非看破世情的豁达，而是万念俱灰的悲哀。他的语气，就像一位肝癌晚期的病人在交代后事，语气中有万般不舍，但事已至此，又能奈命运何？听到后来，我手中的笔不知在何时停下了，只有一边的录音笔仍在记录着，此时的我只是个心无杂念的倾听者，在听一曲命运的离殇。

吴波的故事持续了几个小时，其间我招手示意服务员添了几杯咖啡。在故事的结尾，他的情绪稍有波动，双拳紧握，那是心有不甘且无可奈何的复杂心境。但故事结束后，当我问他，"你想好翻身的方法了吗？"他苦笑着摇摇头，"我不打算自己干了，过段时间就重操旧业，到一家教育培训机构去当讲师，一边打工一边还债，十年能还清就还十年，二十年能还清就还二十年。"还不清的情况，他只在心里说了出来，但我听到了。

采访结束，我们走出咖啡馆时，外面的风正自顾自地呼啸着，像要吞没一切似的，我不由自主地裹紧了呢子风衣，但仍觉寒意侵身。这时我才恍然注意到，吴波只身着一件薄款的外套，外套颜色浅淡，明显是洗的次数太多所致。这时我主动提出要将风衣借给他穿，他轻微摆手拒绝，说："我去买瓶酒暖暖身子。"他走进一家超市，随便挑了瓶八两装的白酒，付过账后，走出店门，猛灌一大口。

这时他的眼中，似有液体闪动，那不是有风吹过的原因，是打心底涌上来的情绪抒发。烈酒入口，如同苦难穿过喉咙，历经过劫波的人自然会懂。

分别之际，我留了吴波的联系方式，表示后续可能会有问题向他请教，他慨然应允。回到家后，我收到吴波的短信，"命里有时终须有，命里无时莫强求。"我叹息一声，借着百转千回的情绪写下这篇文字。哀婉一个教育培训行业的失败者，同时为一个被生活逼到死角的男人祈福。

2

世间大半故事的开端，都因机缘巧合所致，吴波的故事亦如是。在故事的起点，他只是个刚刚考上大学，却为学费所苦的穷小子，后来他所历经的一切，究竟是他操盘命运，还是命运驱使他，答案自会由结局来言说。

1995年，年仅18岁的吴波从河南一个闭塞落后的乡村，只身来到郑州求学，他要读的是日后被称为"就业万金油"的汉语言文学专业。彼时的他身上携带的，有行李，衣物，邻居东拼西凑、慷慨相助的几十元钱，一张去往郑州的火车票，外加奶奶煮的鸡蛋。鸡蛋，他一路上舍不得吃，直到炎热的天气让它生出轻微的异味，才恋恋不舍地吃下。对于那时的他来说，鸡蛋可是个稀罕玩意儿，他本想带给室友吃的，可惜这东西和容颜一样不保鲜。入学后，吴波被分到一个八人宿舍，这间宿舍和普天之下其他的大学宿舍一样，成员来自天南地北，北至与俄罗斯毗邻的北境之地黑龙江，南至坐落在云贵高原上的云南。不过那时"塑料兄弟情"这个概念还没有蔚然成风，在当时的很多人眼中，只要住到一个宿舍，那就算是歃过血，喝过酒，在关公面前拜过把子了，彼此就得互相扶助。

对于今天的人来说，贫困是由内向外的，因为怕被歧视，所以在心里先矮了别人半截儿，不过这并非庸人自扰，在金钱化社会，人们可以容忍贪心、算计、丑恶、倾轧和无耻，却唯独对贫穷没有半点儿宽容。身无余财的人行走于街，每每有赤身裸体穿街过市的羞耻感。彼时的吴波对于贫穷这个概念却没有过深的感触，在村子里，人人都穷，贫穷是所有人的认证标识，且那时民风淳朴，扶老携幼者众，居高临下者稀。到了大学，同学和老师倾注在他身上的情感是呵护、鼓励和包容，而非歧视。所以从小到大，他可以说是生活在一间隐性的温室里，虽然物质条件困顿，但情感上却得到了极大的满足。这使他宽厚、仁慈，相信人间至善的存在。

不过道德上的高拔始终无法填平现实压力的沟壑，吴波带来那几十元钱，维持日常生活都很勉强，遑论交齐学校的学费和住宿费。为这，院里的教导处领导找他谈了几次话，内容换汤不换药，言下之意都是"我们也知道吴波同学你家庭情况特殊，对此，我们表示深切的理解和同情，但在读本科生交齐相关费用可是国家规定，我们也是爱莫能助啊，希望你回去想想办法，别让学校为难……"这时的吴波开始嗅到现实世界散发出来的铜臭味儿，面对天文数字，他终于知道村庄以外的世界，除了精彩还有数不尽的无奈。

但好在良善之人自有天助，在室友佟开的引导和带动下，吴波和他一起合伙，办起了培训班。面向的受众是中小学生，授课领域是作文辅导和语文作业辅导。因为佟开过往有着丰富的经验，吴波在他的带动下，入门很快。作为一个辅导老师，随和温厚的性格和春风化雨式的授课风格是吴波的撒手锏，而当时，无论是学生还是家长，都特别吃这一套，当然，今天亦如是。得益于此，吴波后来居上，成了佟吴二人组中的领头羊，并且在较短的时间内就聚集起了一批学生。当时，他们的授课场地是租来的一间空教室，教室里零零散散地坐着十几位学生。吴波却觉得自己在指点千军万马，兴致不减。

吴波也不晓得自己的课堂是如何渐成规模的，他当时的想法清透似水——来者不拒，多多赚钱。在这种意识的驱动下，吴波和佟开一道，展开了宣传攻势，不过囿于现实条件，他采取的手段原始而低级——四处张贴手抄的小广告。一时间，各大中小学和小区内外留下了他和佟开斑驳的字迹。为此，他被宿管阿姨警告过，被学校勒令过清理广告，也在某小区张贴广告时被某户主像狗一样驱赶……创业嘛，总要受一点伤。

苦心人天不负，在广告攻势和授课质量的兼修之下，吴波的学生队伍规模得到了扩充，课堂由小课变成大课，教室由一间变成两间。通过授课获得的报酬不仅让吴波偿清了学费和住宿费，也让他有余钱寄回家里，与此同时，他心中原本模糊的职业图景渐变清晰——我适合干教育培训，我能干好教育培训，所以我就去干教育培训。朴素的人，连梦都是直接纯粹的。

四年过后，毕业季一到，同届学生大多作鸟兽散，北方人回到北方，南方人归于南方。郑州这座城市，承载了万千人的四年记忆，却无缘成为多数人的最终归宿，像他们踏足过的许多寸土地一样，曾为之驻足观望，但拍拍鞋子上沾染的尘土，便不加留恋地去往下一站。吴波是其中的异类，他打算将自己的肉身和灵魂与这座城市签订一份对赌协议，功业未竟，誓不回头。他留在这里，开始了教育培训职业化的第一步。

3

吴波关于教育培训的一切知识，都是在实践中获得的，他是个实干派，同时也是个人缘极佳、可堪信任的老师。是的，纵观整个职业生涯，吴波都是个好老师，他手下的大多数人，也只是把他当成了一位率先垂范的优秀教师，而非高不可攀的领导。正是这一点，保证了吴波创业之初的迅速成功。

毕业后的吴波赶上了政府大力推进个人自主创业的风潮，即所谓的"下海热"。在下海的一众人中，大部分其实是起哄、盲从，不知所以然权且然之的，因而他们的结局是注定失败的。在金钱的利诱下，除了身在钱堆里的金蟾，没有谁能够风轻云淡地秉持自我，一拥而上是人之常情，七零八落是常规节目。"一将功成万骨枯"，盲从者，便是被踏在脚下的枯骨。

在杀红眼的人堆里，吴波算是较为冷静的个体，尽管他也是趋利的，却知道所有人都挤在一座独木桥上，必定会有人落水的道理。所以他不想孤军奋战，他要一个团队，以队列的形式前进，增加成事的概率。而曾和吴波一起奋斗过的战友佟开，此时已回到家乡，在家里的安排下做着朝九晚五、收益稳定的工作，比之吴波，他更贪图安逸，比之安逸，他更贪图利益，所以能让其心甘情愿于安逸中脱身的，就只有利益，而在他眼中，吴波无法让他得偿所愿。他离开的时候，吴波很是不舍，却未加挽留，他知道，他们有着各自的梦，殊途陌路。

吴波第一个找到的人是深谙英语培训之道的樊洁，樊洁大学时读的英语专业与吴波的汉语言文学专业同属于文学院，两人一起上过课，认得彼此，但不算相熟，连见面时的点头打招呼都要看心情——看樊洁的心情。樊洁大学时也做过四年的英语培训，培训班就开在吴波班级的隔壁，吴波眼见着她的班级逐渐壮大，心里很清楚她的实力，知道她虽然小腹平坦，但肚子里确实有货。樊洁和吴波有着截然不同的家境，投身教育培训行业并非因为现实的催逼，而是独立的天性所致。樊洁一早就看到了教育培训行业的广阔市场，她大学四年的办班，是为了以后创业积蓄经验。不过心高气傲的她认为郑州这座城市"水太浅"，养不得她这条真龙，她心中的理想去处，是北京、上海这些大城市。吴波的挽留和许诺，让她最终选择扎根郑州。后来，他们组建了家庭。

吴波在向我这个陌生人讲述他与樊洁之间的故事时，毫不掩饰热切的情绪，尽管他的面容平和依旧。那个既是他合作伙伴，又是他妻子的人，是他关于郑州这座城市最深长的记忆。今天的某些狭隘之人，会因某个人恨上一座城，吴波却因某个人，对一座城爱得更深沉。

当初吴波找到樊洁，可费了一番力气。彼时的他四处托人讨要樊洁的联系方式，可性子偏冷，大学时期又一门心思扑在英语培训班上的樊洁根本没有交心的朋友，没有人够交情让她留下自己家的座机号码。后来还是佟开出了主意，让吴波去找学院里的老师，那里有毕业生的全部信息。拿到樊洁家座机号码的吴波喜出望外，当即就找到一家电话亭拨了过去，那时的樊洁正做着前往北京的准备。面对吴波的热心邀约，樊洁兴致缺缺，在她当时的印象中，吴波就是个人缘挺好的老好人，他的整个面目都是模糊的。吴波此时找到自己，要么是来行骗，要么是神经病复发，而自己八成是踩了狗屎，没有抹干净，所以要被这种人骚扰。于是她胡乱搪塞了几句，便挂了电话。不死心的吴波继续打，直到樊洁不再接自己的电话为止。

彼时的吴波尚不识人间疾苦，当时的他头脑中有着最原始、也最朴素的价值观——只要足够努力，终将获得命运的青睐。于是他带上自己手抄的写有樊洁家住址的小纸条，直接叩开了樊洁家的门。那时吴波的朝气和真挚，在樊洁眼里却只是一厢情愿地冒傻气。但吴波的许诺还是撩动了她的心弦，二十多年后，吴波仍旧记得自己当初的诺言，"公司将来实行合伙人制，咱俩一人一半，资金、场地和师资你统统不用管，我只要你这个人。"理智的樊洁没有被吴波的言论轰炸唬住，她只答应做一次谨慎的尝试，如果吴波的机构让自己看不到希望，自己会毫不留恋地离开，去往自己本该去的地方。话说得很直接，但吴波等的就是这句话。

他用实际行动向樊洁证明了老实人不打诳语。办班的资金是他大学吃了四年馒头攒下来的，教室是在他找樊洁之前就租好的，只有三间，每间都不算大，但完全够用。至于师资，他联系了自己学院中留在郑州的那些同学。彼时的大学生远没有今天这般泛滥成灾，但年轻人的茫然无措和无所皈依，在任何时代都大同小异。他们需要一只主动伸向自己的手，然后便会毫不犹豫地攥紧它，吴波和樊洁的招揽就是那只手。当然，这批人心里不是没有过问号，好多问题更是被直接摆在台面上来谈，比如吴波如何确保培训机构的前景是光明的？自己将会获得怎样的薪资待遇？以及最重要的，作为昔日平起平坐的同学，吴波打算怎样管理他们这批人？对于这些疑问，吴波故技重施，以面向樊洁式的坦诚态度直露地交代了自己的运营想法。在管理上，他承诺会最大限度地放权，不仅不会干涉授课，连行政上的管理也会尽可能地削减。培训机构的地基打得很扎实，樊洁看到了成事的可能，于是最终选择留下。

1999年的秋天，吴波和樊洁手牵手拿到了培训班的营业执照，樊洁选择吴波的原因很简单，他什么事都顺着自己，就算生气也不会朝自己发脾气，"女王"心性的她需要旁边站着这样一位驯顺的男人。此后几十年，这都是他们既定的相处模式。

吴波的教育培训机构是从小作坊干起的，在成立之初，连带吴波和樊洁，整家机构也不过九位老师，就是这九个人，在担任教师的同时兼任人事和行政。机构内部一切从简，能省则省，省出来的钱，都被他们印了传单。复印加手抄，吴波带着身边的八个人，又开始了自己大学时期的传单攻略。吴波他们的传单不是发的，而是以小广告的形式四处张贴的，他们主攻的地点是允许陌生人进入的学校和小区。广告最大的卖点有两个，一是便宜，为了以最快的速度吸引生源，吴波和樊洁打起了价格战，他们以低于当时平均市场价的价格开班，同时还增加了课程的节数。二是大学生授课，当时的大学生名头还是有一定含金量的，不似今天，街边站着六个人，一板砖拍下去，五个在读大学生，另一位是准备去大学报到的准大学生。广告攻势帮助他们吸引到了最初的生源，教育培训机构得以继续运作。

机构第一次实现跃升得益于樊洁的人脉，樊洁生于教育世家，她父母都是大学老师。樊洁的姑父，是市里某重点中学的教导主任。樊洁找到他，请他帮忙介绍授课教师和生源，姑父一脸为难，"小洁，情况你也知道，教育局是不允许公办教师私自开办补习班的。"樊洁早料到他有此说辞，于是回应道，"您放心姑父，您本人是不必来帮我们的，只是担当一位牵线人，在暗中为我们输送学员和老师。至于您介绍来的那些老师，我和吴波保证绝不占用他们的上课时间，只要他们在双休日各抽出两个小时，机构就会付给他们可观的报酬。当然，这些事也不会有其他人知道。"姑父还在犹疑，"可是这个……""您放心，不会让您白忙的，每介绍一位老师和学生，我都会给您一定的提成。"姑父闻言面色绯红，"一家人何必说两家话？不过既然你和吴波现在处境不好，我也不能坐视不理，这件事我答应你了。"樊洁闻言大喜。

搞定了姑父之后，两个人经常在背地里互通有无，做着一手交钱一手交"货"的生意。姑父带来的资源主要是老师，而老师的背后，往往紧随着不少学生。这件事樊洁没有告诉吴波，只说老师和学生都是自己招的，吴波沉溺于机构壮大的喜悦之中，也无暇细究。这种学校和教育培训机构互相合作的模式此后沿用数年，为吴波的教育培训机构带来千百位学员，直到机构规模渐大，教育局打击力度变大，这种模式才被迫中止。不过那时，这家培训机构里的职业讲师已基本足备。

在招兵买马的同时，细密严苛的樊洁也很注重对教师队伍的考核，她心里很清楚，教师的素质能力和授课水平是一家教育培训机构立足的根基，讲师强则机构强，所以她绝不允许有人在自家机构中蒙事。樊洁的突击和"打击"都是随机的，在教师人数渐多之后，她逐渐不再授课，而把精力放在了监督别人授课上，她在教师全员大会上明确表示，自己每天都会进入不同的课堂抽查，不仅考察学生的上课状态，也考察讲师的授课状态。与此同时，她还建立了明确的奖惩机制，以学生的成绩起落为依据，班级的整体平均分提升，有奖；反之则会扣除部分奖金，并张贴告示警告。此项政策一出，大半老师都在暗地里骂樊洁变态。但他们也不希望被扣钱示众的是自己，于是纷纷鼓足了劲，与同事在暗中争斗。一时间，你追我赶的风潮四起。好多班级学生的学习成绩，两个月后都有了稳步的提升。这帮吴波教育培训机构积累了相当的口碑，他们此后的广告内容，也不再是主打价格实惠，而是改为品质保障。

4

在机构规模日渐膨胀的同时，吴波和樊洁决定结束小作坊式的培训班，搞一个"教育大厦"式的复合型培训机构。于是他们开始着手招揽管理型人才、其他业务层面的老师，并新租了十余间教室作为授课场地。在资金允许的范围内，他们还做了一些品牌宣传。

第一个被请来的商务管理人士名曰刘娴，刘娴是作文讲师出身，后来又进修了工商管理学，属于教育、管理层面的双料人才。吴波和樊洁请她来的时候，花了重金，不过刘娴更看重的是管理和运营上的自由度，她要求校长最大限度地放权给自己。这本就是吴波的创业理念，自然没有异议，樊洁心里有些芥蒂，但她觉得有自己在一旁把关，任她也搞不出什么幺蛾子，于是也同意了。

果真是专业事专业做，刘娴上位后，从语文学科抓起，在学员招收、教师招聘与培训、教学管理等环节进行重点突进，在半年之内就完成了语文培训教师队伍的扩招和学员规模的扩充，既在一定程度上解决了过去过度依赖某几个人的问题，也丰盈了公司的学员班。连挑剔的樊洁也被她惊到了。与此同时，刘娴向吴波和樊洁进言，建议扩张公司的培训业务板块，不再局限于语数外三科的课程辅导，这与吴波和樊洁的理念不谋而合，不过三人还未联合开辟新天地，便有大事发生——樊洁怀孕了。

在之后的几年中，樊洁的重心逐渐向家庭偏移，新生的女儿成了她注意力的最新焦点，除了财政大权还要由自己把控外，樊洁在那段时间基本不再参与公司事务。但个人的止步从不会影响历史车轮的前驱，业务扩充按照原计划大刀阔斧地进行着。几个月之后，物理、化学、地理及作文辅导等业务被纳入机构中，随后便是教师队伍的搭建和学员的招收。

因为刘娴在语文学科培训上的率先垂范，尝到甜头的吴波开始了自己的复制模式。在接下来的一段时间，他四处奔走游说，寻觅刘娴的影子——其他学科的管理人才。吴波的路走得轻快，因为他开出了远高于当时行业水平的薪资，并再次许诺放权。于是，慢慢地，他的身边渐渐积聚起数学、英语、钢琴、美术以及书法等多领域的管理人才，这些人统统被委以常务副校长之职。一时间，吴波的培训学校出现了一位校长（他本人），八位常务副校长的盛况，其声势，颇似鼎盛时期的威虎山——座山雕加八大金刚的配置。

既是人马备足，势必要壮士出征。吴波随即加大了广告的投放力度，并开始着意打造品牌形象，一时间，多家报纸上出现了吴波培训学校的消息。当时的培训学校不似今日这般量产，郑州境内成规模的培训学校更是屈指可数，吴波在阴差阳错下，成了郑州市培训行业的先行者。当然，他的先行属性是隐性的，未能像新东方那样开行业之风气，他的辐射影响力是小规模的，远没有积聚起全城效应，但他大抵成为几个地区的"行业地头蛇"。先行带来的是收益的攀升，吴波的培训学校，在形成了一定的品牌效应后，学员开始梯级增长，机构本身也如细胞般继续分裂，分校越开越多。

2005年年底，吴波的培训机构已经能做到几千万的流水，上千万的利润。接下来的两年时间内，机构继续膨胀，分校更多，授课教师更多，学员更多，收益更多，管理者也更多。2008年的财报让吴波顿偿平生之愿，他一手创办起来的培训机构，营收规模达到了上亿元。樊洁在私下里取笑吴波，"孩儿他爸，你也是亿万富翁了。"吴波笑笑不说话，此时他的心里，正在孕育风波。

樊洁的休假时间不短，但这个比吴波更有头脑和魄力的女人，"人在家心在公司"，当吴波任命八位常务副校长时，她就和吴波大吵了一架，并且说了"你这是把革命成果拱手送给他人"的重话。吴波当时觉得樊洁有点儿反应过激，但为了安抚自家正在气头上的夫人，他还是口头向樊洁承诺，仅仅在教学业务上赋予副校长实权，行政和管理权则全部收回。樊洁闻言逐渐平息怒气，吴波则将自己的承诺视为耳边风，未加重视，"公司正在开疆扩土，不让大家放开手脚，如何做到撸起袖子加油干呢？"这是彼时吴波的想法。

随着公司规模的不断扩大，吴波也感受到了权力分散的切肤之痛。仅在2006年，就有多位常务副校长擅做重大决定，而仅在事后陈情说明，他们给出的理由大同小异，"当时事态紧急，来不及向上汇报。"之后便是一顿软磨硬泡，吴波的耳根子一向软，最受不了别人磨自己，于是就只好在表面上大度地表示理解，心中却有意结束这种诸侯割据的局面。只是他最终下定决心的时间，要等到樊洁回归之时。

5

樊洁的回归是无声的，没有"I am back"式的事先声明，但她的举措是雷厉风行的，除她之外，所有人都未及反应，包括吴波。当她告诉吴波要召开高层会议时，吴波回应了一个皱眉的表情，樊洁冷冷地说道，"我不是在和你商量，我是在通知你，该收的收，该放的放，处理烂摊子，总要有人扮演清洁工。"樊洁自己就是那位职业的、面对杂乱无序的局面也能做到面无表情的清洁工。

那次会议汇集了人类的一切情绪，除了欢愉。场面从一开始就剑拔弩张，火药味儿十足。一边是偏执地认为机构权力过于分散，需要光速收回的女主人樊洁，一边是在樊洁暂离公司那几年，真正落实到一线和吴波共同打拼的常务副校长和骨干教师。他们有着各自的底气和愿景，彼时彼刻，均视对方为死敌。每一个优秀的讲师都是话术大师，都能把避害趋利说得像是舍己为人，迂回地显示自我的光风霁月。但樊洁的出手速度之快，让这些讲师根本无从施展话术。在她的操盘下，这次会议是宣告式的，不是商议式的。樊洁的语气之坚决，态度之强硬，像极了打算侵占地球的三体星人，后者放言"毁灭你，与你何干"，樊洁则不加转折地向员工表示，"公司是我的，我收回权力，与除我之外的所有人无关。"

樊洁在会议现场向众人宣告了收回权力的声明，此后，常务副校长只在招聘授课讲师和教具的置办上保留了一定的权力，其余大权，统统被收回。会议现场始终鸦雀无声，不解、茫然、愤恨、压抑、狂躁种种情绪在被夺权的人心中翻腾，但这些老江湖，始终没有将情绪外露，只将其化作紧攥的拳头和绯红的面部。因为樊洁的集权，是合乎法理的。集权后，樊洁重新坐回办公室，与吴波共同决策机构的大小事宜，财政大权和任免权，被她不动声色地收入囊中。

会议结束后，所有人都面无表情地走出会议室。澄明的穹顶，开始集聚乌云。第一个离职的是地位仅次于吴波和樊洁的刘娴，一直以来，她都以公司事实上的二号人物自居。可被夺权后，光环不在，"一人之下"沦落为庸碌众生，她的离开也就成了必然。许是感怀吴波的知遇之恩，离职时她有意绕开了吴波，把辞职报告亲手交到了樊洁手里。她对樊洁，樊洁对她，都没有特殊的情感，割舍彼此就像剪指甲那样容易。彼时的樊洁还没有嗅到危机的踪迹，在她看来，公司不是家，人来人往本就是常态，一个不回头，一个不挽留，没什么大不了的。

她没有看清的事实是，因为吴波此前数年的全权放手，各个常务副校长和学科带头人其实已经像唐代以前的门阀一样，形成了自己的稳定势力，他们手里攥着丰富的学员和教师资源，而这些学员和资源在某种程度上，先是属于他们个人，而后才属于公司。因而他们的离开不像深秋里的孤叶，因风独自飘零，倒像是盘根错节的老树，一旦被连根拔起，便会带走所有的枝叶、纹路甚至是根上的泥土。来时独自一人，走时带走一个团队，这就是吴波培训机构的离职情况。它不是一个孤例，而是一股风潮。

在刘娴离职之后，又相继有两位常务副校长带着公司的资源离开，他们和刘娴一道，后来都创办了自己的培训机构，成为吴波和樊洁直接的竞争对手。如此看来，樊洁当年的那句"被窃取革命果实"，反而成了一语成谶的预言。

眼见着公司骨干不断流失，吴波和樊洁想出了及时止损的对策，他们重新召开了一次高层会议。为了安抚这些人的情绪，他们大幅提高了机构里高层的薪资待遇，并且适当地将收回的权力进行了有限度地放回。在会议现场，樊洁诚挚地向大家鞠躬致歉，表示自己此前的行为过激，没有充分考虑公司元勋的情绪。少有人知的是，这是吴波软磨硬泡的结果，不过樊洁着实演技精湛，把心不甘情不愿表现得特别心甘情愿。在会议的最后，吴波发表了一次声泪俱下的演讲，他从大学时代开始追忆，把培训机构的前世今生做了一番由远及近的梳理，演讲的过程中，他说的最多的，是"战友情""姊妹情""兄弟情"。在他的口中，这家培训结构，是他们这群志同道合者的奋斗结晶，不属于吴波，也不属于樊洁，它属于每一个身在机构之中的人。吴波演讲的核心内容用今天一句老掉牙的话总结，就是"不忘初心"。可在那个初心尚未坠地的年代，他的话很有煽动性，一次应急性质的挽留，最后成了认亲式涕泗横流的催泪现场。大家都哭了，互相说了很多掏心窝子的话，那是2007年的初秋，后来的吴波无比想念它。

这次应急大会，让吴波培训机构的内部风波暂时止息。但情感就像一张纸，揉搓后铺平，褶皱却无法抹去，这次的闹剧给员工离职开了个口子，后来一言不合就走人，成了吴波公司里的常态。

6

大肆放权使得吴波的培训机构山头林立，这直接导致了两个恶果：一就是前文所提及的，稍不顺心就会有人来一次说走就走且一去不回的旅行，而且他们离开时还要带团；另一点则是，各路藩王彼此不服，一年365天，他们有364天在较劲，只有春节那天才会暂时放下对彼此的成见，发一条意味深长的祝福短信。一个巅峰时期流水才不过亿元的私营培训机构，愣是轮番上演东汉末年针锋相对的乱世离愁。忠厚的吴波，夹在这群戏精中间，用自己的纯然默默对抗无处不在的算计。最终受伤的当然是他和公司。

培训机构中的宫斗剧每天都在上演，表面说话夹枪带棒，背地恶意中伤诽谤是常态。刘娴尚在公司的时候，就不止一次遭人污蔑在置办教学器具时侵吞公款，吴波一笑而过，将举报信付之一炬，刘娴心里却埋下了疙瘩，这也是她出走的原因之一。如果说各座山头上的大哥们只是好勇斗狠，逞一时之威倒也罢了。他们的怒气中，包裹的是真金白银。以机构中最基础的排课运营为例，各个学部之间为了争抢业绩，给对方使绊子的情况时有发生。最夸张的那一年，小学部的负责人为了在和初中部的竞争中脱颖而出，竟然无耻地将学生的结课时间延长到开学的前一个月中旬，他们的业绩自然得到大幅提升，可却直接影响了初中部的学员招收。初中部的几位学科带头人告到吴波那里，吴波找来小学部的负责人当面对峙，没承想那厮倒打一耙，说去年初中部对高中部做了同样的事。气得吴波最后差点儿一口气没上来，昏厥在办公室。

法不责众，三个学部中的两个违反校纪，涉事人员几乎包括三分之二的员工，吴波也就只好稍加批评并张贴警告了事。他的宽容被很多擅钻空子的人视为默许，于是发生了后来的恶性事件。

初中部和高中部同属中学部，按说五百年前是一家，但他们却像争夺皇位继承权的皇子一般，斗得昏天暗地。吴波曾有几次找过两个学部的负责人谈话，要他们握手言和，化干戈为玉帛，但他们每次都当着吴波的面言之凿凿地表示，两个学部的竞争关系完全是健康、公平的，要校长不要多想，爱把人往好处想的吴波也就不好再说什么。可潜伏于表象之下的汹涌暗流，从来就没有平息过。2011年，吴波决定选出一位执掌中学部的总负责人。于是，没有硝烟的战争开始了。在中国，搞臭一个人最好的方法就是找出他私德上的漏洞，将其丑化成道德的反面典型，在教育培训这个敏感的行业，这一招就更是屡试不爽。可偏偏两个学部的负责人都是顾家型的男人，十几年来家庭单位两点一线，私德上的纰漏根本无处寻觅。于是，心照不宣似的，两个学部的负责人开始恶意抓拍对方与女同学相处的瞬间，或是借位，或是抠图，总而言之，要将对方构陷成对学生图谋不轨的人渣。某天早上，吴波同时收到两封匿名举报信，拆开信封一看，他哭笑不得，原来不只能撞衫，连阴谋诡计有时也会发生冲撞。此事过后，他决定搁置设立中学部总负责人的决定，算是给此事画上了一个不圆满的句点。

机构内部的宫斗之所以愈演愈烈，吴波是要负连带责任的，这与他的性格有关——过于温厚，尤其是对旧相识。按照樊洁的规划，公司在很早之前就该走上职业化的道路，请职业经理人来掌管各个学部。若干年前的吴波也有这种觉悟，彼时的他花重金请来刘娴等八位商务管理人才，保证了公司在第一阶段的腾飞。可这八位中的大多数，其实仅仅能够应对比教育培训作坊稍大一些的培训机构，当机构流水达到上亿元时，他们落后的管理理念和管理方式已然成了公司进一步发展的无形阻力。当然，吴波是爱才的，对于富有才华的年轻人，他很大胆地破格录用，并着意提拔，就算是后来离开他的某些人，也始终对他心怀感念。可若要用这些新人完全取代过去的老高管，他却一直狠不下心。直到樊洁的数次游说之后，他才忍痛拿下一半能力实在不济的老高管，不过并未辞退他们，而是安排到了置办教学用具这些技术含量不高的岗位上，待遇不变。这衍生出了另一个问题——有人将公家的钱中饱私囊。好在管钱的是精明的樊洁，她及时发现拨款与设备进项不对等的情况，一深挖，挖出来三位涉事元老，这次就是吴波也留他们不得。不过几人被辞退后，吴波在很长的一段时间内感觉怅然若失，犹如旧时代失去贞操的烈女。

贪污事件发生后，公司内部很自觉地出现了两个派系，一是能力卓绝的少壮派，一是被少壮派称为"老残派"的公司众元老，吴波在不知情的情况下被两派视为"老残领袖"，樊洁则不属于任何一派——因为对权力的执念过深，她被视为不可亲近的物种。派系分立后，彼此间的倾轧频频发生，少壮派圆眼怪睁，紧盯老人们工作上的失误，一经发现，立刻向"心狠手辣"的樊洁汇报，老人们则利用自己在公司里深厚的根基，处处给少壮派的工作设限使绊。一时间，烽火在内部腾起，这场交锋没有兵刃的碰撞声，却每每杀人于无形。后来，吴波时不时地就会接到某位新人的辞职报告，每次他想问个究竟，对方都怒目而视，搞得吴波一头雾水，"又不是我逼你走的，这么看我干吗？"老人也不好过，2012年年底，公司的管理岗上已经少有元老的踪影，他们或是被辞退，或是任闲职，一代新人换旧人，他们就是被新生势力取代的旧人。命是弱者的借口，运是强者的谦辞，作为能力和精神上的双重弱者，他们以"运气不佳"为自己开脱，十几年前的意气风发和未竟的梦，和面容一道，被岁月风干，他们的脸和心，都已经爬满皱纹。

这种派系争斗一经开始，若非一方全部阵亡，则绝不会止息。可谬论就在这里，当初将元老赶下宝座的新人，在坐上宝座后立刻就变成了守成的老人，准备迎接更新的新人的冲击。生命不息，斗争就不会中止。

这种永远不会偃旗息鼓的内部分裂，是悬于吴波头顶的达摩克利斯之剑，每时每刻都存在着风险。当然，这把剑不是最终的元凶，却在持续地损耗他的生命力。从2008年到2012年，吴波培训机构的营收不升反降。好在公司生源稳定，不至于伤筋动骨。

7

2005年，新东方教育科技集团入驻郑州，取名为郑州新东方英语学校，到2013年，郑州新东方学校已从最初仅有几百名学员的"小"机构，发展成为集少儿语数外、中学各科、四六级、考研、雅思、托福以及GRE等为一体的教育培训基地。新东方的落叶生根，对吴波的培训机构造成了一定的冲击，不过他深信"强龙压不过地头蛇"的道理，并不觉得在自己的"辖区"内，新东方一定能做到以强胜弱。当然，事后证明他失算了，有些家长就是宁愿花更高的价格选择大品牌，人家不在意性价比，只在意品牌与自己的身份是否匹配，其中以让孩子补习英文的家长尤甚。不知从何时起，吴波英语培训班的各个学部，开始接连出现学员流失的迹象。不过最让吴波觉得如鲠在喉的是刘娴等人创办的培训机构，它们对自己生源的分流是批量式的。

自刘娴伊始，吴波的公司接连出现几次离职潮，每次离职的模式大抵一致，一人牵头，剩下的人尾随，然后一起创办小作坊式的培训机构。最初的几年，他们积聚师资、资本和品牌效应，不显不露，吴波觉得他们是在虎口讨饭，在成事之前，自己就会脚下一滑先摔倒，心生同情的他还背着樊洁给过他们一定的师资援助。然而在跌跌撞撞中，其中几家还真的做成了一定规模。他们就像被人藏在袖子里的蛇，冬眠期一过，立刻对行善者反咬一口，吴波就是那个被咬的善人。到2013年年底，刘娴的培训机构在营收规模和学员数量上已经赶超不进则退的吴波。在一次教育培训活动中，吴波、樊洁和刘娴不期而遇，其中刘娴被主办方安排在第一排落座，在活动的高潮部分，还被邀请上台分享自己的奋斗史，樊洁就坐在她身后，充当被冷落的看客。整场活动，樊洁是黑着脸听完的，连手掌的拍击，都带有丝丝的沉闷和不快。

回到家后，樊洁再也按捺不住情绪，她把衣服直接甩在沙发上，恨恨地说，"现在真是什么人都能跑到我们头上拉屎了。"吴波不答话，樊洁见状火气更旺了，"你就会装老好人，除了这个，你还能干吗？"吴波走到阳台，不声不响地迎风抽起了烟。当夜，两人无言地各自失眠，心中都有自己的打算。吴波的想法是建立完善的奖励机制，给那些精英教师高额的绩效奖励，避免人才的继续流失，他再也无法忍受被自己人围攻了。樊洁则在第二天背着吴波，直接找到两家投资机构，与他们签订了对赌协议，以利润为筹码，获取他们的资本支持。如果在限定时间内，樊洁没有完成既定的利润要求，或者樊洁因为个人原因，导致利润无法完成，她就要连本带利地赔钱给投资机构。她要开分校，她要扩充自己的公司规模，她要压倒刘娴。这下吴波这个好脾气也忍无可忍了，平生第一次，他冲樊洁发起了火，可说出的最重的话，也不过是"步子迈得太大，会扯着蛋的"，樊洁白了他一眼，"我又没有蛋。"于是因赌气而始的扩张就这么开始了。

其实这不是吴波第一次对樊洁有意见，之前只是引而不发罢了。樊洁的强制集权致使骨干员工出走，逼退老员工致使军心涣散，大权独揽致使机构运营效率低下，吴波都看在眼里，愁在心头。当然，他也知道樊洁的强势一半是被自己逼出来的，一家公司，如果没人唱黑脸，败亡是迟早的事。"慈不掌兵，义不守财"的道理樊洁和他说过好多次，道理他听进去了，但行动一直没有跟上。

在创业之初，夫妻二人的职责划分是，吴波在前方管战略，像舵手一般引领航向，樊洁坐镇后方，掌管财政大权。后来樊洁回归家庭，也是远程操盘财务。那时公司的大小事项都由吴波掌控，于是，他主动放权，鼓励各位副校长和学科带头人大步前进，并承诺公司绝不会成为他们的障碍。这种信任极大地调动了机构上下全体员工的能动性，当然也导致权力如洪水般泛滥成灾。后来，回归的樊洁以强硬的手腕收回权力，致使公司出现第一次强烈地震。出于止损，她又适当放权，但下放的权力无关痛痒，财政和人事任命，始终被她牵在手里。她任命干部的原则是，不求有功，但求听话。于是她选的人，要么是庸才，要么最后被视为有反骨，与雇主不欢而散。吴波看到了困局的本质，因而屡次向樊洁提议由真正懂行的职业经理人来代替他们夫妻管理公司。樊洁同意聘请职业的管理人才进入公司，却始终不放心将自己的"家天下"移交给他人看管。因此所谓的职业经理人，其实不过是由她操控的提线木偶。吴波见妻子态度坚决，也迟迟无法下定断舍离的决心。他和她，其实有着一样的担忧，对权力本身，有着近似的贪恋。于是直到最后，吴波也没有拿出俞敏洪式的魄力，使公司走上职业化运营的道路。

因为两人当家作主的经营模式，在吴波的培训机构内部，时常会出现这样一种滑稽场景：吴波任命了一位"海归"副校长，樊洁则在两个月后以"不服管理"为由将其罢免；吴波提议在郑州以外的地方建立分校，樊洁则以无法分身管理为由否决提议；樊洁试图将所有所谓的"元老"调离重要岗位，并辞退已然没有工作价值、吃空饷的老教师，将教师队伍换血，吴波则提醒她留意过去发生的悲剧，不要重蹈覆辙，气得樊洁直瞪眼……总之，发生在二人之间的争辩、扯皮时有发生。一家光是学员就有近万人的培训机构，在某时某刻，真的被他们搞成了过家家式的玩意儿。这种在内部管理上的分歧，渐成内耗，是公司如逆水行舟，始终后退的重要原因。

樊洁此次的融资，吴波很早之前就提起过，不过那时樊洁担心自家的"店铺"会被资本腐蚀，自己和丈夫会成为资本的附庸，失去对企业的把控，于是直接否决了丈夫的提议。谁能想到，几年之后，这个女人，比丈夫玩得更过火，因一时之气直接拿公司的未来下注。可面对丈夫的质疑，樊洁信心满满，她通过多方查探，得知刘娴的机构之所以在几年之间就能滚成这种规模，甚至超过自家，是因为期间两股资本的注入。她不觉得自己和吴波哪里比刘娴差，过去是资金不足，致使他们的商业版图没有得到进一步的扩张，现在有了钱，就像树有了水，开枝散叶，指日可期。樊洁没有查探清楚的是，彼时因为大小培训机构雨后春笋般地冒出，郑州这座二线城市的教育培训市场，已经渐趋饱和，至少他们机构主抓的语数外和艺术培训，市场规模没有她想象的那般乐观。

8

为了完成对赌协议中的利润要求，樊洁和吴波开始了近乎疯狂的扩张和收购，他们先是在郑州的黄金地段开了两家分校，又在郑州市区内大肆扫荡经营不善、行将破产的小机构，吸收授课场地和师资。短短一年之内，吴波的培训机构，就新增了八家分校。八这个数字是樊洁选的，这个自初中起就相信人定胜天的刚毅女子，此时却稀里糊涂地信起了天命，这是上天开的玩笑，是命运错位的前兆。

在樊洁最初的设想中，那些经营不善的教育培训机构，最大的罪恶在于管理者的无能，而她迷信地认为，只要坐镇指挥的人是她，就能实现"病树前头万木春"的蜕变。而且这些潦倒的机构，在转让价格上是要远低于市场平均价位的，自认精明的樊洁觉得自己占了便宜，接下来只需变废为宝，让它们转亏为盈。

樊洁没有想到的是，一支羊群的孱弱绝不仅仅是头羊虚弱那么简单，队伍最后之所以被狮子追上，其实是整个团队都很无力渺小，以及狮群过于强大。围攻吴波和樊洁的狮群，就是其他长着尖牙的培训机构。樊洁很快就发觉了那几家教育培训机构的虚弱，在去某家新近收购的培训班旁听时，授课经验丰富的樊洁立刻就察觉出，这个培训班的大部分讲师，其实都没有达到职业培训人员的水准，只能骗骗那些文化水平低下的家长。大呼上当的樊洁亲自对新近收购的几家培训班，进行了教师队伍的筛选，最后发现仅有不到半成的人可用。也就是说，急于完成利润要求的她，在未加考察的情况下，花大价钱收购了几间教室和质量参差不齐的授课人员。但木已成舟，樊洁就只好花重金重新扩充师资队伍。两相叠加，这笔钱花得樊洁有点肉疼。

过往的樊洁是绝对不会赞成在短时间内大肆开疆拓土的，但快节奏往往催生非理性，此时的樊洁觉得只要将多个培训班的利润叠加，就可以快速完成利润要求，这才是要解决的当务之急。可惜收购进来的学校因为宣传不利和其他教育培训机构的冲击，在一年之后都没能为公司贡献利润。而且，此时吴波和樊洁使用的宣传推广方式，仍是大学时代广告式的散发和报纸刊登。而这时教育培训行业的巨头新东方、学而思乃至许多中小教育培训机构，都已经开始利用线上论坛攻心，借助互联网这张大网，去网罗年轻家长。开着夫妻店的夫妻二人，把二八年华和新锐思想一起留在了大学校园。新兴事物，他们不懂，也不想去学，而在新时代，旧式的前朝遗老无路可走，似乎是命中注定的。

因为郑州地区教育培训市场的渐趋饱和，吴波培训机构的招生速度大幅放缓，新近吸收的几家分校，根本无利可图。加之房租和讲师工资的疯涨，机构成本日益增多，使得学校利润逐月递减。2015年年底，当樊洁把年度财报交给吴波时，吴波发现耗费自己近二十年心力经营的企业，仅有不到4000万的营收。成本的急遽增长和利润的快速消退形成了尴尬的映照——公司在亏损。

樊洁和吴波都急了，照这个局面下去，自家机构怎么可能完成对赌协议？被逼到墙角的樊洁这时想起了自己二十年前的做法——对教师队伍进行鞭策，以惩处制度激励他们的授课热情，以帮助学生提分的形式提高机构口碑，吸引新学员进入。可此一时彼一时，那时的老师们和樊洁、吴波一样，除了一身青春，身无长物。他们愿意为了捆绑在一起的金钱和理想抛头颅洒热血，而现在机构中的讲师，大多已被机构中的权力倾轧、无休止的宫斗和樊洁的紧逼搞得身心俱疲。因而此项政策一出，又掀起了小股的离职潮，吓得吴波赶紧叫停新政策。

吴波想出的办法是出血，大办推广活动，降低课程价格，对前来报班的学员实行赠课优惠。眼熟吗？没错，就是这家机构成立之初打响的价格战，吴波和樊洁一样，走了过去的老路。然而时移世易，此时身为"大机构"的吴波教育培训机构，一举一动都不再是自由的了。优惠政策一出，刘娴等人的机构立刻开始效仿，一场惨烈的价格战瞬时打响。这时的吴波想要去和刘娴聊聊，希望她能放自己这个老东家一马，樊洁在一旁冷冷地说道，"你说得动一个刘娴，难道还劝得了其余那十几家机构吗？"听得吴波不住叹气。

战争开启，若非有人倒下，便绝不会中止。各家机构频出花招，其实比来比去，比的都是谁的优惠力度更大。到最后，资金链完好无损的那几家机构，干脆以近乎白送的方式让学员去上课，吴波见事情发展到这种局面，只得无奈鸣金收兵。价格战打了半年，各家机构或多或少都有亏损。其中损失最严重的，莫过于最早发起价格战的吴波教育培训机构。这家本就千疮百孔的学校，此时又往自己的身上捅了几千刀。

不过最让吴波和樊洁心痛的，不是巨额支出，而是这半年时间的浪费以及价格战期间吃下的大量学员。这个群体的人数倒是不少，但对收益几乎于事无补，如果再考虑到房租、讲师工资这些支出，恐怕在接下来的半年里，他们就只能做做不盈利的慈善事业了。

没法子，为了增加利润，完成对赌协议，吴波和樊洁就只好再建分校，再招老师，再开新课。可他们忽视了一点，有免费的课上，谁还愿意花钱呢？于是一番折腾之后，又似"花自飘零水自流"，支出不少，学员数寥寥。

走到这一步，樊洁吸收进来的资金也所剩无几，此时的吴波和樊洁为了降低成本，决定兵行险招，夫妻齐心，联袂出演一个节目，这个节目的模式近二十年不变——妻子唱黑脸，丈夫唱白脸。事后证明，这项决策是愚蠢的，它一下就把吴波和樊洁推入了深渊。

为了削减成本，樊洁先是勒令人事辞退了那些业绩靠后的讲师，又让行政把他们的课，均匀地分摊到其他人身上，与此同时，她还强制削减了他们的工资，私自扣押了他们上个月的奖金。而吴波这时托着自己的忠厚相粉墨登场，不知第多少次，他又开始了自己以"不忘初心"为主题的演讲，号召大家在危难之际和公司一起渡过难关，勒紧裤腰带过日子，等公司境况好转，马上就把钱返给大家，并大力补偿。可惜这一年不是2007年，他不再年轻，台下的年轻人也不会因为他的饶舌而热泪盈眶。整个场面成了吴波一个人的自嗨，站在人丛中的樊洁，一脸心疼地看着丈夫，借着灯光，她瞥见了丈夫额角的一缕银丝，他和公司都已显出老态。

吴波放出的催泪弹这次没有灵验，第二天，就有近二十位年轻教师递交了离职申请，其中较为激进者，还以私下扣押工资和奖金为名，把吴波和樊洁告到了劳动局。为此，吴波在今后相当长的一段时间内，都觉得自己身背负罪感。

一家公司，被告到劳动局本是家常便饭，怎奈何吴波教育培训机构被告的原因，是打人七寸的"欠薪"，这使他们在一批教师离职后，根本无力补充新的师资力量，求职者对这家机构拥有者的品质产生了深深的怀疑。于是，一时间，他们机构出现了大量的空缺岗位，不死心的樊洁想故技重施，继续分摊课程，这是彼时的她想出来的唯一的办法，可这又加快了讲师的流失速度。

在教育培训行业，讲师是真正的魂，讲师没了，机构就无以为继。吴波教育培训机构因为欠薪致使员工大量流失的消息被人卖给郑州当地的一家报纸，彼时的报刊行业其实和吴波的企业一样，口中都只剩游丝之气，但它还是挥出自己的老拳，重重砸在了吴波的面颊上，送给吴波真正的致命一击。后来樊洁听人说，举报者是刘娴手底下的人，但暴脾气的她那时只是苦笑一声，逞一时之气在当时的情境之下，已经是孩子般的稚气，无论自己还是他人，都觉得没有必要了。

见报的第二天，大批家长手持报纸涌进吴波的办公室，要求退课退钱，同时站在道德制高点上对这个"无良商人"加以谴责，"上课上课，你们连老师都没了，还上个什么课？"退课之后，围观人群还不散，他们要看到后来者朝着吴波发泄怒火，在这些人眼中，亿万富翁深陷困局是堪比女神沐浴的绝美场景。吴波这时继续着自己的好脾气，他一边对登门者鞠躬致歉，一边亲自为他们办理退学手续。自始至终，神态自若，恍若他也是围观者中的一位。退课风波整整持续了几天，在此期间，吴波始终亲临现场，看着他的学员一点点流失，同时流失的，还有他此前二十年的所有心血。

送走了学生和家长，吴波和樊洁在后面打发了前来讨薪的讲师，整个场面比前几天秩序井然得多，这些身在职场中的人，深知"在商言商"的道理，只要钱到位，其他就都可以无所谓。他们对老板和老板娘没有留恋，只是觉得老板人那么好，有点可惜，可也仅此而已。

最难打发的是那两家投资机构，因为樊洁和吴波的行为涉及违约，除了要交还本金外，还要交付巨额违约金，夫妻二人拿出全部积蓄，东拼西凑，甚至抵押上了房产和车子，还是未能填补巨大的债务缺口。出走半生，吴波突然回到了最初乡村少年的赤贫状态，以一种谁都没能料想到的狼狈方式。

9

剩下的故事和普天之下所有的失败故事一样，有着相似的表面和更为相似的内里。有心者翻翻手边的励志刊物，随便打开一个故事，只读前半部分，就是吴波和樊洁现在的状态。至于后面与卷土重来、东山再起等词条相关的励志元素，我满心期望能与他们二人相关，希望我的梦永不落空。

在采访过程中，吴波的态度十分真诚，他坦率地剖析了妻子樊洁，更以近乎残忍的方式剥开了自己，他的目的指向，无关博取我的同情，他只是想找人记录下属于他们两个的故事，那里有最厚重的人生。且仅此一遭，不会再现。

为了安抚他的情绪，其间我几次提出假设，比如吴波如果意识到互联网的价值，将线上线下的培训相结合，是否会是另一番结局。吴波和我都深知这种假设无用，于是他笑笑，感谢我的好意，于是我也笑笑，感谢他对我的感谢。

于此时此刻追思彼时彼刻，我对吴波最深刻的印象，就是他在烈风中豪放的饮酒雄姿，酒无余温，入口已是黄昏，人生和喝酒一样，几杯下肚，几阵咕咚声，一撇一捺就此写就。

吴波从来就不是值得大书特书的人物，他没有翻手为云，覆手为雨的能力，在教育培训领域，他的培训机构连冰山一角都算不上。当命运开起他的玩笑，他瞬间就成了很多人眼中的笑话。无力且无可奈何，这是你我庸碌众生的命运轨迹。类似突然消逝的东西太多，不独他被故事选中。

记得早先年少时，伤心的情绪突然涌上心头，总有一种挥之不去的念头，那就是消失在无人知晓的地方，让在意自己的人受伤、自责。而如今，很多人看着自己消失，也只是在周遭聒噪、指点。冷暖自知，没人在意你的冷暖，这是吴波最常说的话。

10

"成也萧何，败也萧何。"吴波教育培训机构崛起和败亡的起点，基本是一样的。20年前，吴波的大胆放权，使他身边迅速聚集起一批教育人才，他们在无人管束的状态下，毫无保留地使出自己的全部能耐，保证了吴波最初的起势。可惜放权容易收回难，待吴波和樊洁意识到权力泛滥的危机时，割据局面已成。个性强硬的樊洁试图一刀斩，可惜那时之域中，已非吴家之天下，这导致了机构中大批骨干的出走，组织裂痕初现。

入行早是吴波成事的另一个重要原因，他最开始办培训班的时候，竞争对手以小作坊居多，于是他的机构如同立在鸡群中的仙鹤，自带光环，迅速吸引了大批学员的目光。可20年之后，同规模甚至更大规模的机构蜂起，立体化的业务模式也不再是新鲜事物，吴波的培训机构，和其他的机构渐渐别无二致，优势不在。加之机构的蜂起导致教育培训市场渐趋饱和，因而樊洁在引资、兼并和扩张后，后续的学员招收并没有立即跟上，利润迟迟无法兑现。这才致使心慌意乱的樊洁和吴波想出价格战、削减讲师工资等下策，造成讲师出走、报纸曝光以及家长退课的蝴蝶效应，最终使得吴波教育培训机构这只蝴蝶，被飓风吞没。

吴波和樊洁都多次动过将教育培训机构彻底职业化的想法，但自始至终，这家机构仍是没有脱离"夫妻店"的模式，这对夫妻（尤其是吴波）过于迷信情感的作用，所以才会多次唱一出双簧，试图通过情感的鼓动，让员工去理解他们不可思议的决策。在利益至上的职场中，这种行为未免显得有些"儿戏"。你用一把辛酸泪，就想让员工忘掉自己工资被削减的事实，这个逻辑怎么想都不对。

历经二十载，吴波教育培训机构的规模如雪球般越滚越大，吴波和樊洁却永远留在了二十年前。前者是不温不火的老好人，后者以不可一世的女王自居，所以当女王觉得自己的权威被出走的员工挑衅，情绪化的签订对赌协议时，老好人吴波没能阻止她。在情感中，这种截然不同的组合或可互补，但在职场中，答案已由结局言说。性格稳固如山，二人的业务能力亦如是，自始至终，他们都在以最初的模式管理和运营机构，甚至连推广机构品牌的方式，都不做变动，这种形式的"恋旧"，实在叫人无话可说。

一家机构倒了，我们说再多也是旁观者言，机构的主人想必很不愿意回想起那段过往。我这万字饶舌，别无他意，如果诸君能从吴樊二人的故事中有些心得，对自己的创业历程有所助益，那便是我的价值所在了。

八、在线教育是一朵美而毒的彼岸花

——迷信互联网，败于互联网

1

我对徐国庆一直存有特别的好感，虽说没有达到"未曾相逢先一笑，初会便已许平生"的肉麻程度，但他的整个人，我是十分喜欢的。徐老师喜欢顶着一张"老农民"的脸，一本正经地干着赛车手的勾当——飙车，他的课荤到能让男同学低不下头，女同学抬不起头。不过我做学生那会儿，和所有人都不一样，我是一会儿抬头，一会儿低头，抬头是为了欣赏他脸上掠过的春色，低头是为了巴望女同学害羞的神色。不过所有人都清楚，徐老师不是真的想搞黄色，他偶尔流露出的猥琐只是他的保护色，他的底色，其实是一位清澈无比的教育家。

多年后再度听闻徐国庆老师的消息，是在2017年3月份，此时我已经成为他的半个同行——其他业务领域的教育工作者，而就在此时，他宣布自己一手创办的"白驹过隙教育培训有限公司"将进行破产清算。其实在徐老师站出来讲话前，关于白驹行将破产的消息就已经不胫而走，当时我满心的祈愿是，种种传言皆是不实的流言，是无良媒体博取流量的肮脏手段，如今事情盖棺定论，我唯有感叹：太多故事被光阴改写，而故事中的男主角却无能为力。

亲口说出自己的公司倒闭，徐老师内心之苦痛可能不亚于一位菜农泪眼汪汪地哭诉："种了一年的白菜啊，全让猪给拱了。"而徐老师的"白菜"，种了十年，十年心力一夕付之东流，如果徐老师再年轻十岁，怕是要忍不住道一句："青春喂了狗。"

不过这些话都是我的妄自揣测，看了某教育新媒体对他的采访，我才知道何谓"十年饮冰，难凉热血"，徐国庆仍是徐国庆。

公司宣布破产清算之后，徐国庆清点账目，最终得出结论：公司负债4000万，他个人负债2000万。于是乎，房子抵押、车子卖掉、老婆孩子通通送回老家，他不想自己最爱的人卷入风暴漩涡。

20世纪末，"巨人"史玉柱欠下2.3亿元债务，被媒体戏称为"全国首负"，今天徐国庆重走前人老路，几乎成了教育培训行业的"首负"。而他的选择也和"前首负"史玉柱一样，一步不退，该承担的责任绝不逃避。

"我不能在这个'烂屁股'上倒掉。"徐国庆在接受媒体采访时如是说。说这句话的时候，他残破不堪的公司，已经被一家留学培训公司收购。徐国庆本人，则和那家公司签订了合作协议，对方帮他还债，他则留在公司，牵头做一款新的托福培训产品。一边赚钱，一边还债。这份高达6000万的巨债，会还到猴年马月，徐国庆本人也不清楚。

行文至此，不明真相的读者可能会误以为"白驹过隙"的倒闭是徐国庆一个人的债。可实际情况是，就像一个娃有两个家长一样，"白驹过隙"这匹小马，也是由一对创始人共同鼓捣出来的，和徐国庆并行的名字叫牛驰。在"白驹"宣布破产清算前，牛驰就已经收拾好细软跑路，现在他究竟躲在哪里，没有人知道。徐国庆有牛驰的联系方式，不过打电话没人接，发短信没人回，老徐就像一个被单方面分手的18岁女生一样无助，"望穿秋水伊不回"。现在的他已然心灰意冷，"我们没有互相拉黑，只是绝不会再联系了。"这哀婉的语气，连我这个局外人都想骂牛驰一声"渣男"。

遥想几年之前，"白驹过隙"尚在巅峰，徐国庆在某次访谈时曾指着身边的牛驰说："牛老师才是最靠谱的那个人，如果没有他，可能我赚了钱就跑了。"牛驰闻言微微颔首。彼时的徐国庆不会想到，牛驰点头的言下之意是"小伙子这么单纯，哥哥必须得给你上一课，让你知道何为人心险恶"。所以最后牛驰不留情面地离开，且在临行前，送了徐国庆一份价值6000万的债务大礼包，真是"桃花潭水深千尺，不及牛驰送我情"。徐老师未曾脱口而出的脏话，意气难平的诸位可能已经在心里帮他骂了出来。

牛驰和徐国庆之间的故事，至此基本宣告收尾。一人远遁，一人还债，孰是孰非，自有公论。故事中有几点悲情，几许遗憾，几抹人性之阴暗，不过作为一名咨询师，我更希望大家能从中发觉一些经验和教训。

让我们回到过去，看看这个故事最初的样子。

2

白驹的前身是一家备考论坛，牛驰和徐国庆两人在论坛里为考生提供托福、SAT等备考信息和机经预测。在今天看来，这是一种非常高明的引流手段，但在2007年，大多数人只知人流、韩流而不知引流，所以觉得牛、徐二人不过是在赔本赚吆喝。

徐国庆也曾怀疑过自己的"荒诞行径"，因为彼时的流量是无法变现的，像凤姐、芙蓉姐姐、庞麦郎这类网红，每天被骂到想挖坑把自己埋起来，却并未获得相应的精神抚慰——金钱。不似今天有些网红花钱找骂，因为有人骂能为他们赢得关注度，赚更多的钱。

流量无法变现的后果是，牛、徐二人的论坛很火爆，可是他们的口袋里却几乎没有一分钱进账，好在那些用户还算是有良心，没有在事后得了便宜又卖乖。他们在"一亲芳泽"之后承认牛驰和徐国庆是真行家，技术好得不得了，预测极准，提供的备考素材也很实用，可也没有哪位同学给自己高风亮节的授业恩师送上一面锦旗。

牛驰和徐国庆是货真价实的"培训专家"，这一点确切无疑。在自立门户之前，牛驰是国内某家教育培训巨头企业多个项目的创始人和负责人，手底下有自己的团队，产品开发和基础教学一把抓。徐国庆则是某省的高考状元，毕业于清华大学电子系，在2005年就已经成为公司里首屈一指的教师培训师，也就是培训讲师的讲师，讲师里的战斗机。在某段时间里，公司里新上岗的老师几乎无一例外地要经过他的点拨，被他的荤段子浸染。

这等英杰自是不甘居于人下，所以在他们把名气打响之后，果断决定自立山头。论坛是他们共同孕育的第一个产品。当时两人的分工是牛驰负责推广，徐国庆负责具体内容。牛驰的推广工作没有问题，徐国庆的内容工作也没有问题，唯一的问题就是流量无法变现。所以在很长的一段时间里，两人只见烧钱不见赚钱，论坛搞得像一桩慈善事业。

可惜这个年代向来是"损人利己骑马骡，正直公平挨饿"。终于在2009年年底，原始资金基本烧光，两人的理念也开始出现分歧，牛驰想继续拉流量炒热度，徐国庆则冷冷地表示："既然我们两个都不是那种家里有矿，矿里有家的条件，就别折腾了，老老实实做产品赚钱吧。"也许是徐国庆的语气不够委婉，刺痛了牛驰身上脆弱的逆鳞，后者悄无声息地玩起了消失，躲在天涯海角的某个角落，一边舔伤口一边自我安慰。徐国庆在像香飘飘奶茶一样绕地球三圈之后，还是没能找到牛驰的踪影，心灰意懒后，他回归到自己最擅长的线下培训，当起了教育培训行业的个体户，专职一对一。

靠着过去累积的影响力和好口碑，徐国庆的一对一课程服务很受学员青睐，再加上他过人的提分能力傍身，仅在一年之内，他就联合手下的老师带了200多位学生，每个人的学费在5万—10万徘徊。之后的一年，徐国庆的教育事业延续了此前的良好势头，一切看上去都很美。

2011年，闭关良久的牛驰重新出关，他第一时间找到徐国庆，"国庆哥，俺错了，过去俺太年轻了，从今往后，俺再也不瞎折腾了，让俺跟着你，俺愿意做你的左膀右臂。"徐国庆不信他的这套说辞，但牛驰的获客能力和市场推广能力正是他所欠缺的，于是经过几番激烈的思想斗争之后，他接纳了牛驰，两人再度联手。

在联手开公司之前，为了防止牛驰再度出尔反尔，一言不合就施展"六娃"的隐身绝技，徐、牛二人事先约法三章，牛驰指天发誓失败后不再失踪，两人共同约定赚钱后首先保证员工的利益，而且，不能中途放弃，要么不做，要么一路到底。不知后来的徐国庆在苦等藏起来的牛驰回复消息时，心中会做何感想，他势必会想起两人昔日的约定，在某一刻，他是否会希望牛驰立下的毒誓应验？

3

牛驰回归公司后，仍旧像原来一样负责市场推广工作，这一次他还带来了自己的贤内助配合宣传工作，徐国庆则继续主抓教学。

和当时许多教育培训公司主打大班的模式不同，"白驹"当时只做留学咨询和托福、SAT、SSAT的全日制一对一辅导。

牛、徐二人之所以另辟蹊径，不顺着前辈铺好的路继续走，主要有三点原因：一来，徐国庆已然证明自己和团队能够在一对一的模式之下取得成功；二来，牛、徐二人的前东家在该市的触手实在是伸得太长，几乎各个培训领域都有涉及，而且在多个领域都呈绝对的垄断优势，而只有在一对一的VIP业务中，对方因为普遍采取大班的运作模式，存在着一定的比例空隙，牛、徐二人也才有分一杯羹的可能；三来，则是由于徐国庆过人的培训能力。在老东家那里，徐国庆已经证明自己可以在短时间内辅导出批量的一对一培训讲师，所以只要有徐国庆这个初始细胞在，讲师团队就可以不断分裂，一对一的营收规模就可以持续做大。

事情后续的发展基本如二人所料，一对一的培训模式确实是可行的，他们手中现有的教师团队也完全能够驾驭得了这种模式。其实无论是当时还是现在，在出国留学语言培训这一板块，一对一的讲解模式都是最合适的。因为这方面用户的需求非常明晰，就是能够通过短期培训快速应试提分，一对一模式则能最大限度地满足这种需求。而只要提分效果显著，同学们是不吝惜金钱投入的。

利用前东家业务空隙的方案，两人也算是分析对了。这家庞然大物，在当时确实因为精力分散没法集中做VIP一对一板块，所以牛驰和徐国庆真的做到了虎口夺食。在2012年年底，他们在该市已经占据了北美留学语言培训第二大的市场份额。根据特劳特的定位理论，牛、徐二人之所以获得成功，是因为他们避开了其他公司的业务优势点，在VIP领域奠定了自己的全新优势，从而争夺了用户的心智。做不了培训班里的第一，他们就争取做一对一模式中的第一，这是一条曲线成功之路。

徐国庆后来的表现，证明了他的自信不是莫名的，他确实具备几乎仅凭一己之力便能搭建起良性的师资培训体系的能力。为了扩大营收规模，徐国庆此时又扮演起了自己无比熟悉的讲师培训师一角，新入职的教师，只要经过他一个月的集中培训，一般就能够胜任一对一出国语言考试教学，徐国庆教给他们的东西很简单——如何教学生应试提分，这是他这个学霸最擅长的领域。这种师资培训体系让"白驹"在几个月的时间里便培养出了大量的一线讲师，保证了创业初期师资力量的足备。

明确了一对一的发展路线之后，因为良好的培训效果和由此搭建起来的口碑，白驹的用户满意度一直居高不下，在业内几乎成了"留学语培线下一对一"的代名词。也正因为这一点，尽管白驹的课单价远高于市场价格，但留学中介机构还是愿意把客户介绍给白驹，零散的学生客户还是愿意找到白驹。因为所有人都很清楚：提分才是硬道理。

白驹的好口碑是自论坛时代便逐渐积累起来的，到2011年，白驹已经成为一款以"高品质，速提分"为底色的明星品牌，自带获客效应，仅2011年牛驰回归后的半年时间，公司的营收便有700万上下。2012年，公司更进一步，全年共收获了2600万的营收。

但公司的创始人之一牛驰对此并不满意，他是以超越前东家为初始目标的，可他们公司如今的营收连人家的百分之一都还没达到，道阻且长，他实在笑不出来。牛驰觉得仅靠口碑引流的方式实在太过细水长流，酒香也怕巷子深，身在互联网时代，就要紧靠互联网这棵大树，如此方能享受荫凉。最终，他把目光对准了搜索引擎营销。

4

在2012年6月的时候，徐国庆预感到2013年留学语培市场会迎来全面爆发，于是他和牛驰进行了一番商讨，决定将公司扩建。公司最终搬离了原来的大厦，办公室面积也扩大到原来的6倍之多，达到2400平方米，他们的教师团队随即扩充，达到了近60人的规模。

可不久之后，公司的运营就遭遇了短暂的淡季，整个一二月份收入有减无增，4月份的营收更是只勉强突破了100万元。作为教育培训界的老炮，徐国庆和牛驰清楚这是遇到了行业的"熊市"，不只他们一家难过，所有教育公司都在苦熬，同时他们也知道，凛冬过后即是早春，徐国庆预感的市场井喷就要来了。可公司因为连续几个月的收入惨淡，账面资金有些紧张，于是两人开始考虑引入投资方。

拉投资的事是牛驰去谈的，这位名师讲课时的样子一直有点疯魔，曾有好多学生把他讲语法时声嘶力竭的样子录下来，当成搞笑视频传看。如果屏蔽掉视频里的声音，说是某人精神病复发也会有人信。但你不得不承认，这种表达方式感染力十足。今天我们总是能听到某人自吹"我是用生命在做某事"，牛驰却能让人相信他真的愿意为了自己的事业舍生忘死，无论是教学还是自己做教育公司都是如此。徐国庆最敬佩他的就是这一点，认为他身上具备自己所没有的"企业家气质"，如果一家企业真像任正非说的那样至少要死三次，他认为带领企业向死而生的只会是牛驰，而不是他徐国庆。

这种气质足以打动很多投资人，正如真格基金的徐小平和小米的雷军所说："投资其实是投人。"当投资者觉得企业家可信的时候，就会连带着认为他的企业必定是向阳生长的。牛驰的个人魅力加上白驹多年积累起来的好口碑，让他们很快便拉来了第一位投资人——曹诺东，曹诺东是国内另一家教育巨头公司的联合创始人之一，他觉得白驹的商业模式在留学热的大背景下，必定大有可为，于是最终注资1200万，占股15%。

这笔钱正式到账是在2014年1月，在这之前的2013年下半年，白驹渐渐走出阴霾，在四月份之后更是屡屡创下营收新高。这无疑吸引了更多投资人的关注。2014年5月，国际某著名投资公司的中国区前总裁和牛驰、徐国庆签订了A轮融资协议，注资500万美元，占股6.67%，企业估值8000万美元。在最终拿到这笔钱的时候，牛驰和徐国庆相视一笑，好像他们面前已经铺展开了一条花团锦簇的致富之路。

在第一笔融资到账之后，曾经在百度竞价上吃过"甜头"的牛驰就加大了在这上面的投入。一向显得"老谋深算"的他，此时想法变得异常简单和朴素，"既然400万的投放量就能换来3000万的营收增长，那我加大投放量，营收和利润必定是加倍的。"他的方案得到了徐国庆的支持，"我们刚刚证明了这条路可行，为什么不再走一遍呢？"于是想法不谋而合的两人随即加大了在百度竞价上的投入，牛驰和徐国庆的钱，开始源源不断地流进李彦宏和马东敏的口袋。

在加大流量投入的同时，为了跟上互联网时代的趋势，牛徐二人开始有了转型做线上产品的念头。其实在那个时候，无论是营销高手牛驰，还是教学能人徐国庆，脑子里都没有清晰且完整的线上产品概念，他们只是觉得互联网+教育是大势所趋，而且业内已经有了从线下转型到线上的成功先例，如果自己不及早上车，可能会错过风口，将来连其他公司远去的背影都望不到。

为了扩大公司影响力，为将来转型线上教育造势，牛驰和徐国庆加大了员工的招收力度，尤其是在技术开发人员的招收上，更是下了血本，一口气搭建了一个200多人的技术团队。除此之外，牛驰还在全国各地积极奔走，最后在上海、武汉等地开设了多个规模超过两千平方米的新校区。

5

短短几个月时间，小机构蜕变为大公司，牛驰志得意满，觉得自己磅礴的野心总算有了寄托之所。徐国庆紧锁的眉头却舒展不开，因为两笔融资在旦夕之间便去如流水，他甚至都还没有看清自己的钱到底花在了哪里。"公司的规模是在变大，但公司这东西有时候就像女人的胸一样，不一定越大越好，大而无当是会下垂的。"喜欢开黄腔的徐国庆有次在酒局上这样和朋友说道，玩笑的背后流露出隐隐的担忧，这份担忧他埋得很深，牛驰却完全不知情。不过就算牛驰知道，估计也不过是用一句"你就是想得太多"打发掉徐国庆。这种事他过去干过太多次，以至于徐国庆在和他聊天的时候总觉得他即将脱口而出的话就会是这句，哪怕他们聊天的内容可能是明星八卦。

　　2014年年底财务部出具的财务报表证明徐国庆的隐忧不无道理。这一年白驹的年营收达到了创纪录的1.4亿元，可税前利润却仅仅和上一年持平。大规模的招聘和线下分校的扩建耗去了相当一部分的成本，徐国庆觉得这是为将来转型线上积聚粮草，情有可原。转型嘛，总要伴随着阵痛。可让他大跌眼镜的是，牛驰极力推崇的百度竞价获客模式，作用几近于无。在2014年的一整年里，牛驰先后向百度砸了4000万人民币，却仅仅为公司带来4000万的营收，客户转化率是低到尘埃里的千分之一，也就是说，一千名用户点击，只有一人前来报名，并最终成为白驹的客户。

　　徐国庆在办公室里大为光火，他这种平时就满嘴污言秽语的人，骂起人来自然极度不堪入耳，市场部的副主管在被他问候了一遭亲属之后，眼眶通红，委屈得像刚被母亲打过屁股的小孩子。牛驰坐在一边一声不响地抽着烟，毫不理会副主管频频投来的求救眼神，模样就像是一位不相干的路人在看一对陌生夫妇吵架，一边看热闹一边还悠闲地嗑起了瓜子。后来徐国庆骂累了，靠在沙发上喘气。牛驰把烟掐灭，以十分平缓的口吻说了一句："我觉得SEM（搜索引擎营销）这个项目可以停掉了，再做下去毫无意义。"听了这句话，徐国庆一时间竟然有些恍惚，"当时极力主张做SEM的人，到底是不是他呢，他怎么表现得像个局外人呢？"最后，牛驰这个系铃人扮演起了解铃人的角色，拍板停掉了自己开启的百度业务。

　　停掉SEM之后，白驹过隙教育培训有限公司正式转型做线上教育。徐国庆当时的想法是，线上线下同步进行，这样一来，如果运营状况良好，公司可实现双向盈利，如果运营不善，线下迅速吸纳的现金流也能为线上花钱如流水的产品开发及时止血。可牛驰却不这样想，他选择性地无视自己主导的SEM项目赔钱的事实，直接得出了线下教学无法为公司持续盈利的结论，2013年上半年乏善可陈的营收状况和2014年微薄的利润成了他的论据。在一次管理层会议上，他当众陈述了自己的观点："想要成事就要专注于只做一件事，我们过去为什么能成功，因为我们只做线下一对一，可近两年，这棵摇钱树已经快枯了，继续绕着这棵树兜圈子，大家全得完蛋。现在'互联网+教育'还是一块需要开垦的荒地，如果我们现在进入，就有机会成为名垂青史的亚美利哥。这位老兄不是第一个到达美洲的，但他是第一个留下姓名的，我们就要干这样的事。我牛驰已经算是功成名就，车子房子老婆孩子票子，我什么都不缺，但我得为在座的各位考虑，得替我们的投资人和手下的讲师们考虑，我们做教育不是为了替天地立心，为生民立命，我们没那么伟大，我们的理想就是刚才我说的车子房子老婆孩子票子，而现在，只有全面转型线上才有机会圆梦，我的话讲完了，大家表态吧。"牛驰这番有画饼嫌疑的说辞没有打动管理层，可转型线上确实有为他们赢得暴利的可能性，"梦想还是要有的，万一实现了呢？"这是当时大多数人的想法。"就算没有实现，亏得也是老板和投资人的钱，与我无关。"这是除牛驰和徐国庆以外所有人的想法。于是最终大会通过了牛驰的提案，决定丢掉线下培训的包袱，身着轻装，重新上路。徐国庆最终再次顺从了牛驰的意愿，这一次他的说辞是"全面转型线上是众望所归"。

6

在牛驰的操盘下，一场浩浩汤汤的转型之路开始了。为了把资源全部集中在线上，白驹教育培训有限公司在2015年年初停掉了大部分的线下门店，甚至连销售团队也被整个裁掉，"因为你们的营销方式不适合推广线上产品。"牛驰在被讨要说法时这样回答。最终公司仅仅保留了几个利润高的线下项目和高收费的托管班。

线下业务收缩之后，本就紧张的资金短缺问题更显得捉襟见肘。每个月月底发工资的那天，全公司上下共有900多人等米下锅，而公司的"粮仓"，则已基本见底。无可奈何之下，徐国庆和牛驰只好狠心裁掉了上百位讲师，以节约人力成本。与此同时，牛驰则四处奔走呼号，寻找下一位投资人和各个分校区的买家。多个校区高昂的运营成本早已让公司不堪其重，而停掉线下业务，则意味着这些校区的价值变得微乎其微，因而早日脱手才是上上之策。

经过几个月的苦等，白驹的几个分校区并没有在业内引起什么关注，那时候好多教育公司都和白驹一样，急不可耐地想要转型线上，试图利用"互联网+教育"的风口，去革行业巨头新东方的命。在这些人眼中，继续向线下教育投钱相当于开历史倒车，简直愚不可及。而那些没有忙于转战互联网的公司，也大多在观望形势，他们必须保证自己手里持有一定的现金，这样才方便"该出手时就出手"。所以白驹的分校区遇冷，也在情理之中。

输出上受阻，输入上牛驰却有不俗的斩获，在2015年2月底，白驹过隙教育培训有限公司又和国内某家知名的投资公司签订了一份1000万美金的B轮融资协议，对方占10%的股份。这笔钱到账后，牛驰和徐国庆先是支付了几家分校的运营管理费，又发放了上个月欠下的部分员工工资，剩下的钱一部分交给徐国庆做教学产品，另一部分则由牛驰带走开发线上产品和做微信营销。

搞论坛的时候只见出血不见营收，最后论坛血尽而亡。办线下教育的时候，牛、徐两人也一直被高昂的成本所扰，过着有今天没明天的日子。过去的教训让牛驰深刻地意识到，搞企业和过日子一样，都要时刻勒紧裤腰带，以免饥荒来的时候只能吃草根树皮。本着这种思想，牛驰一改过去花钱大手大脚的习惯，开始带领百人的技术团队做起了低成本的在线学习App，而且一做就是一百多个。这类App的风格极其统一，光听名字用户就能基本了解产品的功能。"口语30天""钻石100句""必备词组300条"……这些名词都是牛驰敲定的，过去他的风格一向是"如夏花般绚烂"，但此时他只想大道至简，让用户清楚地知道自己到底想干吗。

产品的投入低，定价更低。0.9元、9.9元、99元的App如雨后春笋般涌现，徐国庆看着这些低廉的产品定价，回想起了客单价5万元的日子，老想在办公室门前放一个喇叭，每天循环播放"两块钱，你买不了吃亏，两块钱，你买不了上当……"的广告。不过虽然他不看好这批"快消品"的前景，却无意阻拦牛驰，自从机构转型线上之后，两人一直在各忙各的，当时的徐国庆，在做一款名为"学神陪伴"的线下产品，陪伴一天收费两千元，陪伴十天收费一万五千元，陪伴一个月收费三万九千元，一位讲师同时能陪伴十名学生。这款产品销量稳定，每个月能为公司带来将近五百万元的营收。不过牛驰曾在私下里取笑徐国庆，说他一直都是这样，使出十分力气，只赚一分钱，公司靠他这么慢工出细活是不行的，精力还是要放在线上。

不过线上产品的市场反响很快就重重打了牛驰的脸，他原本的设想是，把互联网当成一个宽广的获客渠道，用低价吸引那些悬而未决的用户进入，然后依托庞大的用户基数累积利润，积少成多。可牛驰没有算到的一点是，利润累积的前提是要有利润，而他推出的一系列低价产品，大多数是无法为公司盈利的，像0.9元App这些近乎白送的产品，在扣除研发成本、人力成本、运营成本和推广成本之后，净利润其实是负的。也就是说，产品卖得越多，公司赔得越多。

牛驰和徐国庆盯着全面转型线上培训之后公司第一个月的财报，恍惚间觉得自己回到了办论坛那会儿的青葱岁月，那时他们有理想、有情怀，只是亏钱亏得有点儿肉疼，今天他们变得比大庆油田还油腻，可仍旧亏钱亏到肾疼。生活真是一场炼狱般的轮回，两人不约而同地想。

不过牛驰嘴上还是一如既往地不肯服输，他摆出一副早已料敌机先的姿态，表示自己本来就没指望这些廉价的App能为公司盈利，他推出的一系列产品，目的都是为了吸引客流量，为将来推出高价产品造势。而在自己的运营之下，公司的线上付费用户已经突破了十万人大关。听到这里，包括牛驰在内的所有人都在心里默默算了一笔账，"学神陪伴"的用户只有600人，已经为公司带来了3000万的营收，如果600变成10万……想到这里，他们不敢继续想下去。男老师为了转移注意力，开始在头脑中幻想自己下一个伴侣的样子，女老师则准备回家就把购物车清空，梦想照进现实，似乎只在咫尺之遥。

时隔多年以后，徐国庆觉得自己又在牛驰身上看到了所谓的

"企业家品质"，他向对方投递过去一个满含崇拜和深情的眼神，牛驰则后退一步，含蓄地表示自己目前还不考虑"转型"。

所有人心中的热血都在翻涌着，白驹上下，此时就像千百年前在大泽乡起义的陈胜、吴广军队一样，在心中壮怀激烈地喊着"王侯将相，宁有种乎"，他们深信牛驰将带领自己登上王座，而自己将享受"元勋"所必然披戴的荣耀，以及荣耀背后的名利。鱼和熊掌，即将被兼得。

7

正当牛驰为自己的"引流大计"志得意满的时候，现实又给了他狠狠一耳光。后台显示，在上百款低价App推出之后，白驹的用户量确实在短时间内迅速增多，可购买高价课程的核心用户数却变化不大，偶尔增加的几个，也不能确保和牛驰自视高明的引流手段有关。事后徐国庆在总结得失时曾这样说："买贵的人一开始就会选择贵的，买便宜的人永远都不会买贵的。这就是我们的教训。"可当时无论是他还是牛驰，都没有这种预判能力，事后的追怀毫无意义。

走到这一步，牛驰终于开始显得有些手足无措，不过他的处理办法不是自我批判、深刻反思，而是把矛头对准了徐国庆正在做的盈利产品——"学神陪伴"。他提议把这款产品停掉，理由有以下几点：首先，他认为"学神陪伴"价格虚高，影响了进一步获客，营收只能一直处在一个不尴不尬的规模，而这点收入无法帮公司止血；另外，他觉得这款产品老师的参与度太低，大部分时间学生都是在做任务，老师很多时候只起到了一个监督的作用；最后一点理由是，这款产品设定的任务太难，近八成的学生都难以完成，完不成任务就会有人投诉，投诉率太高，会对公司的形象造成负面影响。"学神陪伴"是当时公司里卖得最火的一款产品，可牛驰提出的这些问题也是真实存在的。

徐国庆拖着疲惫的声音问牛驰："公司已经没有什么产品在盈利了，停掉了学神，怎么给员工发工资呢？"当时白驹尚有500多位员工在职，一线讲师近两百名。牛驰自信一笑："你放心，我自有办法。"

他想出来的第一个办法是裁员，裁掉那些业绩靠后的讲师，共计37名。第二个办法是如法炮制一个类似于"学神陪伴"的产品，取名"学神伴读"，而它的最终定价，只有"学神"的一半。此时的牛驰还在迷信已经把他抽到鼻青脸肿的低价引流，试图靠价格优势提高客户量。徐国庆看不出这款产品的市场前景如何，但过去的经验告诉他，挂靠网络，理论上学员数应该是会倍增的，于是他再一次被牛驰说服，决定配合对方放手一搏。

产品推出一个月之后，用户量较于线下确实有所增长，可因为价格定得过低，教师分到的提成大幅缩水，而且明明已经到了月底，工资却还不发放，有人到财务那里去催，结果却被告知是牛驰的主意。于是早就有离职念头的一群教师纠集在一起，公开去牛驰和徐国庆的办公室里闹。为了安抚激愤的群情，徐国庆想拿出公司账上最后一点钱来打发掉他们，结果被牛驰制止。牛驰故作神秘地对前来讨薪的员工说，不发工资和课酬，其实是公司的一种策略，目的是降低人力成本，提高利润。只要大家再给他两个月的时间，他有信心做到单月上千万的利润，到时投资人的钱进来，大家一起分。他还希望全体员工能和公司签订一份保密协议，以免事情外泄，吓跑投资人。此言一出，不只"闹事"的员工，公司上下全炸了，"你还想再坑我两个月，门儿都没有！"

最后话术失灵的牛驰也没了主意，可公司账上的钱此时根本无法偿清上百号员工的工资和课酬。无奈之下，牛驰和徐国庆只好以公司和个人的名义四处借钱，可当时业内已经传出白驹经营不善的传闻，没人愿意给行将就木的公司雪中送炭，牛驰和徐国庆找了一圈，最终发现只有高利贷才是他们的真心朋友。最后两人拿出公司仅有的一千万，又靠着"借"来的一千万，结清了几百人的薪水。

许多拿到钱的员工自认已经斩断了和公司最后一丝羁绊，于是头也不回地结伴离开，牛驰和徐国庆实在找不出挽留他们的理由，就暗中吩咐人事做好人员流动记录统计。最后两人接到人事递上来的统计表，发现离开的员工以一线讲师居多，足足有30多人，而技术团队里的百余名程序员却几乎保持了原状。牛驰此时正一肚子火气无法发泄，于是他风风火火地赶到技术部，玩起了现场裁员的勾当。"聪明绝顶"的程序员猜不到牛驰的来意，技术部主管还给牛驰倒了一杯养生效果绝佳的掺了枸杞的凉白开，然后站在一边赔笑。牛驰望着自己手中那杯清透中带着几抹红色的液体，轻轻说了句："你被解雇了。"

当天牛驰裁掉了技术部超过三分之二的员工，最终只留下了几位技术骨干。在解释自己裁员的动机时，牛驰露出了过往罕见的真诚："公司没有钱付你们薪水了，你们如果想做慈善，可以留下。"话说到这个份上，原本想讨要说法的人也觉得自己已经没有开口的必要。于是最后他们选择轻轻地离开，不带走一片云彩。

几波人员流动过后，白驹里几乎只剩下核心员工，此时的牛驰身上，已经很难再找到过去的光彩。还在原来的机构里当老师的时候，大家背地里都叫他"永动机"，因为他似乎不知疲倦，永远在奔跑。而历经了诸多变故之后，牛驰本人和他脸上热切的表情都在迅速衰老。他心中的火种似乎黯淡了，陷入到了和自己过去所鄙视的"凡夫俗子"一样的自我怀疑的困境中。

8

不过他很快就收拾好了低落的情绪，组织大家签订了自己此前所倡导的保密协议。事已至此，保密的意义等同于无，可停发工资和课酬的作用还在，还能帮公司维持一阵子捉襟见肘的体面。牛驰指天发誓，保证自己一定会拉来另一笔投资，然后将这笔钱均分给留下的所有人。徐国庆看着他朝天的手指，心中有些不快，觉得他的誓言太草率，与其说是承诺毋宁说是习惯。而在其他人心中，牛驰此刻的承诺比他们公司曾经推出的低价App还要廉价。可他们愿意陪牛驰再赌一次，成了，秒变富家翁；败了，也不过是两个月的光阴而已。

在这些人眼中，最无意义的就是无处安放的大把时光，因为时间的推进既不能令他们财富增长，也无法让他们的学识渐多，时间对他们最大的改变，就是使他们变老，对金钱的渴求更迫切。所以富人总是慷慨激昂地说："我愿意用我的全部财富换取青春重现。"他们却只想把时间当掉，换点钱来花花。因而在某种程度上，他们就是牛驰口中的投资人，只不过下注的不是牛驰想要的真金白银而已。

协议签订之后，牛驰和徐国庆兵分两路，前者带着几名公关人员四处拉融资，徐国庆则带着剩下的人继续做线上产品。在这段时间里，徐国庆曾无数次有过停掉线上业务，重回线下的念头。可最终都被自己说服了：花了这么大力气搞"互联网+教育"，还有停下来的可能吗？于是他只好一边期许着牛驰得胜回朝，一边带着技术团队重走牛驰过去的老路，做低价的线上产品，因为他们公司此时已经没有足够的资金去开发大规模的产品了。多款产品推出以后，因为微薄的利润难以抵偿人力成本，继续赔钱。其间某位老师建议停掉产品开发，耐心等待牛驰的消息，徐国庆一脸苦笑："那也不能什么都不做吧？"背地里他偷偷联系了几家教育公司的老板，希望将公司低价转让出去，但谁肯接受一枚已经开始发臭的鸡蛋呢？哪怕它的营养价值很高，可此时它的里子已经坏掉了，贸然吃下是会吃坏肚子的。于是徐国庆不露痕迹的推销活动，在几乎无人知晓的情况下，默默流产。

在另一座城市的某个酒局上，牛驰正在拿徐国庆开涮。老徐喜欢在上课的时候讲黄段子这件事在业内人尽皆知，大家早已见怪不怪，可教育行业以外的投资人听来却大多觉得很新鲜，再配上牛驰绘声绘色的描述和夸张的肢体动作，往往能逗得大家哄堂大笑。牛驰在第一次拉投资的时候就意识到了这一点，之后每一次没有教育培训人士参加的酒局，他都要再讲一次，将其作为暖场的手段，屡试不爽。徐国庆不知道，原来前几次融资成功之后，牛驰对他说的那句"里面也有你的功劳"是这个意思。

讲完徐国庆的故事之后，牛驰一般会顺着投资人感兴趣的话题继续扯闲话，他口才好、懂得多，而且愿意在求人的时候秉持一种谦虚求教的姿态，把心中的鄙夷暂时性地隐藏起来，像陪小孩子玩过家家似的哄着对方一直说下去。等对方说痛快了，心理防线降低了，开始拿他当自己人了，他才慢慢奔向主题：您看，您给我们投资多少比较合适呢？天使轮、A轮和B轮融资，他都是靠这种手段拿下的。

可彼时这种技巧之所以行得通，主要是靠白驹良好的口碑和稳健的经营状况。少了这个大前提，老谋深算的投资人或许愿意听他饶舌，可一旦他开口要钱，对方的语气立刻便冷淡下来，不久之后就会找借口离开，留一堆未结的账单和只喝了半瓶的红酒给他，要他付账。

两个月过去了，徐国庆在这期间给牛驰打了不下几十通电话询问情况，起初牛驰还用安慰式的口吻回复说："今天还有一个局，投资人对我们的兴趣很大，我有信心把他啃下来。"可遇冷的次数渐多之后，牛驰的态度也慢慢冷淡下来。后来只要他看到来电显示是徐国庆，就会直接把手机交给助理，让助理去做费力而没有意义的解释。

外出拉融资的第三个月的第二周，也就是2016年的11月中旬，有一家小投资公司的老板找到牛驰，说愿意给白驹投资，牛驰当时激动的手都有些抖，不过对方显然对白驹的经营状况很是了解，一上来提出的价码就让讨论失去了余地。"500万，占股40%。"要是在过去，牛驰听完这句话肯定把桌上的咖啡均匀地浇在他42码的脸上。可老话讲得好，"拔毛的凤凰不如鸡"，牛驰此时已经失去站在枝头俯视对方的资本，他只能压住火气，几乎是用祈求的口吻回应道：

"您如果愿意出资1000万，我们愿意给您45%的股份。"说这话的时候，牛驰心里想的是他和徐国庆借的那笔高利贷。对方轻蔑地瞟了他一眼，然后起身离开。等对方走远后，牛驰狠狠地跺了几下脚，"他以为自己是谁啊，要是三年之前，老子五分钟都不会留给他。"可惜此时已非三年以前，牛驰也不再是过去的牛驰。

9

一周之后，牛驰把融资失败的事通过电话告诉了徐国庆。电话那边沉吟半响，最后挂断。当天凌晨五点多，牛驰给徐国庆发了条微信，说自己这三个月来见了太多不想见的俗人，心里装了太多不平和委屈，需要请假一周调整一下。徐国庆没有回复消息，微信的那头，他正在家里发脾气，"一分钱都没融到，还想让老子给他表功？我平时就是太让着他了。"他本想在微信上回复"不准"两个字，最后被妻子制止，"事已至此，你们可千万不能再伤了和气，一起想解决办法才是关键。"徐国庆听了这话连连叹气，最近员工催发工资的频率越来越高，他一直以"牛驰老师很快就会带钱回来"为借口推托，可现在……一想到这里，徐国庆又开始叹气。

一周之后，牛驰开车赶到公司，打算和徐国庆当面商讨公司未来的归宿。两人约在大厦B1层的地下车库见面，并不打算让员工知道牛驰已经回来的消息。可事不凑巧，技术部的某位员工刚好到车里去取外套，瞥见了牛驰的固定车位上停了一辆车。起初他还以为自己花了眼，后来他偷偷绕到后面一对车牌，确认是牛驰的车无疑。这位员工不动声色地跑回公司，然后马上把牛驰躲在地下车库的消息散播了出去。最后，正在车里争论的徐国庆和牛驰被员工团团围住，两人只好回到办公室接受质询。

当得知牛驰折腾了三个月毫无所获之后，所有员工都陷入到了一种狂怒的状态。他们把牛驰和徐国庆按在椅子上，逼他们两个写欠条。徐国庆声嘶力竭地喊："你们的行为是触犯法律的。"牛驰则坐在那里默然无语，后来还是他拟定了欠条的内容，并哭着在上面写好名字，按下手印。眼泪滴在写有字迹的纸上，晕开了几个小水圈。旁边的人见状赶紧把纸抽走，"你哭？我们更想哭，这辈子倒了八辈子血霉跟着你们两个神棍，嘴上一套一套的，赚钱的本事一点没有，放在老师堆里你们都是渣滓。"

当徐国庆和所有员工都在欠条上签好名字、按下手印之后，员工们才不放心地各自散去。欠条的内容如下：徐国庆和牛驰自愿以个人名义偿还欠薪，并许诺在3月5日前把全部欠薪还清，逾期则要补偿每天千分之二的利息。当晚，徐国庆连发了七条朋友圈向亲友求助，并承诺自己会写欠条，可最终应者寥寥，牛驰则没有什么反应。徐国庆觉得他是被白天的场面吓坏了，还在调整状态，没有多想。

第二天徐国庆给牛驰打去电话，问他有没有什么借钱的门路，牛驰说自己正在按顺序联系通讯录里的朋友，三天后给他答复，徐国庆从声音上判断牛驰的状态还好，就没有继续往下问。

第四天，想尽一切办法却仅仅借来几十万的徐国庆一大早就给牛驰打去电话，想问问他那边的筹款情况，可一连打了三次都没人接。徐国庆心想可能是对方还没有起床，就用微信发了一条语音过去，提醒牛驰睡醒后给自己回消息。可直到日上三竿，仍是杳无音讯。徐国庆这时才惊觉可能有事发生，他开车来到牛驰的住处，却发现房东正在里面打扫卫生。徐国庆忙问情况，最后被告知原来的房客已经在两天前办好退房手续离开，他走得匆忙，好多东西都没有收拾，说是感谢房东照顾，这些东西就当是离别的礼物。"这小伙子的衣服和鞋不少，我洗一洗正好能给我儿子穿。"房东用一种炫耀式的口吻对徐国庆说。徐国庆面色绯红，嘴唇不停地蠕动，想说话却无从开口。"萍水相逢你送他衣服鞋子？我们认识13年你送我一堆债务？"这就是徐国庆当时想说的话。

接下来的几天，徐国庆几乎联系了所有他和牛驰共同认识的人，结果无一例外，这些人不仅不清楚牛驰的去向，连他失踪这件事都是从徐国庆口中得知的。好奇心强的人从徐国庆的询问中嗅出了一丝异样，他们刨根问底，希望打听到一些小道消息。徐国庆则自始至终守口如瓶，只说牛驰突然失联，他的家人担心，托自己帮着打探一些消息。"君子断交，不出恶言"，对于这个和自己共事了13年的人，徐国庆总是有些过分宽容，连出言中伤都于心不忍。

妻子劝徐国庆找到牛驰的老家，揪出这个背信弃义的"人渣"，徐国庆则表示难以从命，不是他大度到宁愿以一己之身承担全部债务，而是牛驰自始至终只说自己祖籍河北，这该从何找起？就像有人说埃塞俄比亚有座金矿，叫你去挖，又有谁会去呢？去了又能找到什么呢？

一个七尺高的大活人凭空消失，在互联网时代，这多少显得有些吊诡。但徐国庆也明白，自己不可能叫醒一个装睡的人，也很难在960万平方千米的土地上找到一个故意躲着自己的人。所以在问遍能问到的人之后，徐国庆也死心了。他先是安排妻小回了老家，随后又赶到公司清点了一下账目，不，准确来说应该是清点债务。最终，财务告诉他，公司账上的钱是负4000万元，他个人的资产是负2000万元，这6000万的债务，绝大部分出自那1000万高利贷的本金和利息，以及积压了几个月的员工工资。

走到这一步，除了申请破产外别无他法，所以我们看到了文章最开始的那一幕，徐国庆亲自对白驹的倒下盖棺定论。

关于后来媒体疯传的一切，牛驰或许知道，或许不知道，或许压根不感兴趣，也许他此时正躲在一个少有人知的小渔村享受阳光沙滩，全然与世俗的纷扰隔绝，也许他此时正孤独地承受着良心的谴责，每晚都会被沉重的道德负累惊醒，但这和徐国庆本人，以及已经入赘别家的白驹过隙教育培训有限公司又有什么关系呢？愿他余生都能睡得香甜。

10

线上教育在国内全面普及，应该是2013年以后的事。在这之前，教育培训圈子里的人都在玩弄概念，观望形势，没有谁愿意傻傻地第一个吃螃蟹，生怕自己中毒而死。自2013年开始，渐渐有人不甘"说书"，偏要做书里的男女主角，于是改头换面之后，重新粉墨登场。这时仍在看热闹的群众一瞧，"嘿，这不是原来那家土了吧唧的线下一对一机构吗，怎么改做时髦的互联网了？"时髦是互联网世界里的过时词汇，可在那一年，教育培训挂靠互联网无疑是最时髦的一件事，而好多对"互联网+"毫无概念的教育公司，就是为了赶时髦，最终以一种并不时髦的古老方式倒下——跟风死。

近年来，因跟风而亡的冤魂不胜枚举，愿他们安息。白驹过隙虽然在2015年才正式转做线上教育，但它无疑是跟风大军中的一员，公司的创始人牛驰和徐国庆对线上教育完全没有清晰的认知，他们做决定的依据无非是，好多公司都在做以及确实有公司做成。

事后多家依托互联网平台壮大的机构成了在线教育最有力的背书：这种模式本身是没错的，有错的是做事的人。他们错在何处？答：拿豆包不当干粮，拿线上教育不当教育。

一言以蔽之，线上教育到他们手里，成了彻彻底底的营销产品。牛驰牵头推出的上百款低价App，就明显只和市场有关，与教学无关。而在教育培训行业，尤其是留学语言培训行业，用户的需求实际上非常清晰而直接：短期内提分。迎合需求者生，背离需求者死。所以牛驰和徐国庆后续一系列让人眼花缭乱的操作，实际上已然使他们离客户越来越远，离教育的本真越来越远。

一个做教育的人，把教育做得不像教育，他的公司倒闭，难道还需要其他更复杂的解释吗？

后记

谨以此书献给我天下第一美丽的太太（其实不是天下第一，林志玲才是，她只是第二美丽）。也谨以此书献给我两个普普通通的儿子（大宝天天就知道学习，当了班长还不够，居然拿了全校只有两个名额的奖学金，你说是不是有黑幕？二宝除了长得好看会弹钢琴会画画语言表达超强情商超高会哄人开心以外，简直就是一无是处！）

如果没有你们，
我早就写完了。

——三宝敬上